首席財商快樂賺錢術　首席財商快樂賺錢術　首席財商快樂賺錢術　首席財商快樂賺錢術　首席財商快樂賺錢術　首席財商快樂賺錢術　首席財商快樂賺錢術　首席財商快樂賺錢術　首席財商快樂賺錢術　首席財商快樂賺錢術　首席財商快樂賺錢術　首席財商快樂賺錢術　首席財商快樂賺錢術　首席財商快樂賺錢術　首席財商快樂賺錢術　首席財商快樂賺錢術　首席財商快樂賺錢術　首席財商快樂賺錢術

首席財商快樂賺錢術

首席財商
快樂賺錢術

完整財商拼圖需靠好的團隊來圓滿
正向財富累積需找對的夥伴共協力

陳冠佑、翁玉能、馮凱芝、方耀慶、林愛玲、黃譽綜、黃良安 ◎ 著

序

財商團隊、團隊財商

　　「斜槓」的人生目前非常流行，很多人同時都兼有非常多的工作，因為年輕上班族都覺得只有一份薪水日子不夠用，特別是剛出社會的新鮮人，薪水待遇不高，如果又是離鄉背景到都市裡頭討生活，除了生活必須開銷之外，每個月的薪水現成負擔租金就少了一大半，所以若是不拼命，那麼到底要奢望多久才能擁有可以成家安身屬於自己的一間房子？

　　該怎麼尋求能讓自己財富增加的其他方式？兼職，以時薪、日薪或月薪計算待遇的職缺，大多都是勞力勞心的一種工作，這種以時間去換取金錢的工作，不僅耗費時間

也耗費體力，而且每一個人一天都只有 24 小時，就算我們把時間都排滿，不管「斜槓」幾份工作，你的薪資收入還是有個上限可以算得出來的！這種收入到頂就是一個「天花板」，你請假、你生病……只要沒做多少，你就少領多少。所以自己一個人「斜槓」很多工作得到的預期結果會是減分，但如果可以一群人一起來「斜槓」一個團隊的事業就會有加乘的結果。

你的選項？是很多工作、或是一個團隊

「財商」是什麼？用白話來說，「財商」就是「用錢賺錢」的另一個文雅詞句。講到「用錢賺錢」，不免有人就會覺得它是一種投機，但是我們必須要把思想定義先搞清楚，金錢並不是罪惡，道德觀的教育告訴我們「君子愛財、取之有道」，這個「道」指的是方法，方法其實很多，可是你知道或是擁有哪幾種賺錢的方法？我們要「努力」賺錢，「努力」是賺錢的方法之一，而「工作」是最顯易

表現努力賺取金錢的方法，所以如果你只知道利用工作來賺錢，代表你對金錢的態度是「怠惰」的，因為你只願意用最輕鬆的方法去賺錢，換句話說，你其實是懶得賺錢！

那麼賺錢的方法有哪些呢？除了以工作換取收入來源之外，在財商的重要觀念是講求以「非工資收入」來達成「財富自由」的夢想概念，而創造「非工資收入」故名思義它並非靠工作來賺錢，而是投入其他，那麼要投入什麼東西去賺錢呢？如果「財商」講的是「用錢賺錢」，那麼就只是有錢人才能玩的遊戲，一般人沒有錢，不就永遠翻不了身了？

其實，財商的「商」字，指的是「智商」，講的是「有錢人的腦袋」。所以當我們知道除了工資收入之外，還有其他的財商管道能夠創造收入，用錢賺錢也只是一種方法，如果沒有錢，但是也有其他聰明的方法，可以創造出財富的。

有錢人的腦袋＝最有效率的財富智商

　　如果「用錢賺錢」是增加財富最快速的方法，但是自己的本金不夠，或是有些人甚至沒有錢，沒有資金，沒有資本，那麼如何透過財商創造財富？

　　我們透過集合團隊集資的方式，找到一群具有共同理念的人，能夠集合資本以更大的資金來去創造更有效的財富增加。就是一種「財商團隊、團隊財商」的概念。大家一起有共識的時候，有錢出錢，有力出力，我們使得小額或者是沒有資金的人也可以透過財商去賺取非工資收入，跳脫了你一定得要自己有錢，才能夠去用錢來賺錢的財商門檻。

　　所以透過財商的一種團隊運作，不是每一個人都要用錢來投資賺錢，我們也可以用智慧、用才能、用專業去發揮，真正不必依賴上班工作和金錢以外的資源去創造出財

富，也可以完成很多人的共同夢想，沒有錢也可以透過小錢或是大家的錢來去賺錢，以往用錢去賺錢的非工資收入，只有有錢人才有資格條件能賺得到，而透過「團隊財商、財商團隊」的結合，大家分工合作就能夠讓有錢人出錢，有力的出力，去共同完成這個財商的目標。

團隊，讓一個人可以擁有眾人的力量

要能夠結合出龐大的團隊，讓每一個團隊的成員共同參與和學習，必須有一個實質足夠龐大的市場產業，才得以分工分項讓每一個來自於各行各業領域的團隊成員，從中各別發揮他們的專長，而不一定要每一個成員都得投入大量的資金才能夠成就的財商事業，因此我們由「房地產」這個領域啟航，讓有錢、沒錢；有時間、沒時間；甚至有能力、有專業、有資源......熱情有心的人都能夠在這個產業當中實踐財商，賺到錢。

　　「房地產快樂賺錢」團隊，從慶仔老師（方耀慶）的第一本書《勇敢用桿-房地產快樂賺錢術》開始，至今不過4年的期間，已經帶領團隊從第二代、到第三代的學員都能晉升為領導者，這本書已是團隊系列的第4本著作，代表著團隊即將把財商智慧的成功實踐由房地產的產業，延伸接軌到其他更廣的範圍，讓團隊之中有能力的成員可以成長，並發揮個人的專才帶領更多人邁向多元的財商領域，您可以從每一位作者的文字和他們的參與過程之中，學習到財商實踐和應用的成功方法，原來可以這麼快、這麼簡單，其中的祕訣就由您親自細細地品味閱讀來從中體會發現！

目　錄

第一篇　布局/格局

陳冠佑

首席財商團隊領導人，以豐富學經歷的視野決策團隊事業，提攜拔擢人才建構優質領導，不斷邁向新領域的拓展，帶領團隊成員有效持續獲得知識與財富的成長。

　　「團隊」是我們經營事業的主軸，建立起團隊，也等於是資源的整合，因此當團隊真正凝聚起大家的共識，能打造的共同事業目標可以不只是一種，未來也不會只是房地產的投資而已。

　　然而團隊凝聚共識必先有一個共同的目的與方法為基礎，在這裡，「房地產投資」就是大家想要的，先有這個誘因，成就大家的方法和過程就是「教育」，要讓每一個人都懂、每一個都會去做，並且一起做，團隊才能成長、才會更大！

　　如果辦課的目的只是為了教而教，學員學完就走了，學了房地產投資的課程回去自己做，好或壞結果也還是各憑本事無人知，但若是教不好，課程肯定馬上就收了。而真正好的完整學程，是讓大家真正可以學會也可以真正用的到，教學員真正實用的課並且帶著他們實

際做，最終學會的學員可以一起組成團隊的大家庭，一同分享資訊、共享資源，這樣的學程「教育」就不只有意義，它還創造出實質「教育的價值」！

　　每一個加入團隊的成員，因為經歷和背景都不同，每個人的背後都有屬於他們自己個人的故事，而在合作合資操作房地產物件投資時，團隊彼此之間的「信任」就非常的重要，所以我會希望我的主要幹部們可以敞開心分享他們的經驗故事，內容不光只是房地產的買賣投資操作面的東西，因為這些技術上的東西是可以傳承的，但是從每一個人不同的故事當中，大家自然就可以感受到每一個人在加入團隊之後和他們的過去有什麼不同？看到團隊幹部參與合作經營之後的進步與改變，新進的學員們就可以更了解先進的組長、學長們投資的一些經驗和一些理念，透過課程或是書籍能把自己真正學習的精髓加進來的話，配合學員們實際參與群組之中

學習活動的主軸架構裡，每個人的進步會更快！

　　也因為每個人過去的經驗背景不同，每一個人都能把他們自己的專長特色突顯出來，在傳承帶領團隊的分工之下，並不是由誰專門來講教育訓練，誰就專責教實戰.....等等，我帶領他們，會希望是讓底下組長們可以發揮領導的魅力，而不是他們的上面還要有我、還需要慶仔老師.....所有決策和權力還要再經過上面的誰誰誰，因此將他們的故事分享給大家知道，讓他們的明星風采可以突顯出來，也會更有信心可以獨當一面，可以真正讓底下的學員們可以信服他們的領導。

1-1　首席財商跨足的一大步

　　房地產投資領域的延伸，因為含括了資金以及貸款等關於財務相關的各種項目，若是將它細分如：自備款的籌措、個人信用評等、估價、銀行貸款、裝潢修繕、仲介交易、市場買賣、法拍……等等，其實各門科目就可以衍生彙集成一個財商系列的課程。

　　有別於慶仔老師「房地產快樂賺錢術」的主題課程，房產團隊業務分項下來有許多的小課程，在資金、財務、金融……的許多項目剛好就屬於其中一些優秀團員的專長，這本書的記錄不僅能突顯讓各個專家成員一展長才，也將他們的專長與學習心得傳承，也等同是為團隊規劃出新的多元財商課程，成為各門學科的專業講師。

　　我們團隊規劃有一個系列十堂的小課，所以他們每個人都會傳授各別專門的領域，而其實課程在課堂之中是可以學習得更加透徹，並且可以直接互動討論檢核學習的成果，因此我認為這本書，除了帶給大家了解房地產所衍生出的財商基本概念之外，讀者主要還是可以專注在他們每一個人的特色，看看他們在加入慶仔團隊之後所學到的一些東西，每個人從進來之前到進來之後的一些改變跟轉折的故事，它將更有勵志性，可以真正激勵讓你知道應該如何付諸行動，更實質的收獲。

$ *擴大財商的視野*

　　自『房地產快樂賺錢』這個團隊成立以來，團員人數愈來愈多，規模也愈來愈大之後，對於不同知識背景的成員不斷加入到我們的團隊，其中不乏也有許多的企業主和

各領域的專業人士，為了使不同程度的學習達到平衡，如何讓學員能夠再更進一步的成長，一直是所有幹部必須要一起努力的。

慶仔老師跟我們主要的幹部常提到，他長遠的企業概念也是要做有關於金流方面的能量，他教我們要把一個公司帳的數字提高，收入與支出盡可能的擴大化，一個金流擴大化之後的企業，在銀行所看待的角度會是良好的，會倍受禮遇，而且不只是銀行，金流能量好的企業，也可以去吸引募資，甚至是去結盟更大的商機進來，如果真正要彙集龐大的財商能量，市場單單只是著眼於台灣的內需是不夠的。

慶仔老師因此更帶領我們進一步與國際學術領域接軌，現今我們與英國劍橋大學合作開辦了唯一給予華人企業家修讀的 EMBA 短訓班，不少團員參與從劍橋回來之後才知道，慶仔老師為了提升團隊未來更多的可能性，等於

把一種類似人脈國際化或是提供企業家透過國際名校交流的專業鍍金商機，做到一種你看不到、感覺不到，但卻是一種極大化的財商影響力，這讓整個團隊延伸更廣財商的未來道路是非常深遠的。

首期劍橋大學的 EMBA 短訓學程我也參與其中，我自己以前也曾留學英國，唸的也是商管研究所，可是之前留學只是為了學歷，是為了留學而留學，以一個學生的角色到國外唸書，並沒能看得比較廣潤，但現在是以一個商人的角度去跟國際做接軌，並且跟這些國際知名學術的人脈做接軌。

我現在才感覺到當我出了社會，有了工作歷練之後，再進到慶仔的團隊，如今又再接觸到國際學術交流的領域，因為累積工作與創業的實際歷練之後再去接觸看國際的視野，現今所關注的層面和以往是不一樣的。

　　我對商業還有金融這一塊本來就感興趣，只要有機會可以跟這些人或國家接觸，我就會特別去關注這幾塊，去試著瞭解有沒有什麼商機，或找看看有沒有地方可以合作接軌的部分。因此華人市場在大陸的這一塊，本身我也有所接觸，比較心得，台灣的競爭力跟大陸的競爭力條件，我個人覺得其實台灣內需的環境競爭是比較安穩的，但是如果對外論及國際競爭的較量之下，相對台灣的人比較有智慧，而大陸人他們雖然「狼性」比較強、積極度比較夠、小聰明比較多，但是長遠的謀略或全盤的佈局會比較少一點。總體而言，台灣雖然小，但格局大；大陸他們那邊雖然廣闊，但他們的眼界和算計的地方卻很小。

$ *房地產財商的不同層次*

　　回到基本的財商市場層面，我們基礎的財商領域從房地產出發，就有不同的層次區別：

1. 不動產的「金融」財商

因為房地產這部分免不了跟金流或者是貸款方面有關係，除了單純的金流，房子可以向銀行抵押借款，借出來的錢可以再轉做其他的投資。我們用房地產變現的金流關係來談財商觀念，講房貸大家可能一聽就懂。

2. 創造性的「利潤」財商

深入再講一個所謂「創造性的金流」，也就是透過投入房地產裝修的成本，將房地產包裝創造出價值而產生出買賣利潤的價差，這就不是只要有錢躺著賺就有錢自動流進來了，創造金流這就需要本事了。

3. 長期性的「收益」財商

像是房地產包租是一般普遍在做所謂長期收益的商業模式，可是像我們除了基本的會做之外，就比如說是停車場的標的，也會是我們在房地產團隊合作參與，其中一種長期收益的項目之一。

　　所謂的財商，單純的部分可能討論的就是短期價值和價格差異，透過供需買賣交易的商業行為，或是利用金融工具（如；信貸、房貸）把它融資借出來，而另外一塊財商還可以討論怎麼做長期收益。

　　但其實不只這些，房地產的財商可能還有很多你看不見的地方，好比說像是我們做的一些特殊案例，不單只是把房地產的價值創造出來產生金流，所創造的還可以是公司企業或是團隊組織的金流，也可能是長期收益的金流。

　　就房地產的投資，一般的投資客著眼的可能就是一般住宅物件的買低賣高，純粹賺價差的心態，但是我們經營的模式會想的比較長遠，跟一般投資客不一樣，我們房地產的投資團隊，是真正把標的物的價值加分做出來，因為擁有更廣的財商觀念，也就有能力再去承接跟一般投資客不同的標的。因此我和團員們一同出書的想法很簡單，因為我們都做有一定成績了，希望為自己的人生能留下一些

見證，原本我們也都是素人，我們現在可以這樣，在世界上有一點小小成功的地位是很難得的，所以希望可以藉由出書出版，去幫助未來的學弟妹，或之後想加入的會員，同時也算是給予團隊領導精英們，賜予他們自己的一個成就與獎勵，讓這本書見證他們的成功，也讓閱讀這本書的讀者們可以見證。

1-2 團隊授課的精髓，資源傳承到位

　　從慶仔老師的第一本書到現在，『房地產快樂賺錢術』的系列著作，由中古屋、法拍屋、團隊實戰經營......的這麼多資訊內容，我想如果技術性的東西講太多的話，就會變成只是工具而已，每一本書都在講技術性的東西也會重覆，然後個人的特色就少了，如果同樣的東西老師講過，其他的人又講，那就沒有什麼特點、沒什麼特別意義了。但就像是房地產投資的領域還有不同的財商範疇，它的延伸關聯是很廣的，我們可以從廣度去發揮，也可以從深度去探討，所以就市場、就區域、就人......的各個面向的主軸特色再把它擴大突顯，我認為『人』和『財商』的主軸會是更多變性的，也是團隊成員在學會技術性的東西之後，再可以更去提升與努力的方向。

$ *讓學員成長變老師，自己才有可能當校長*

　　我和慶仔老師一樣，當他帶領我做到跟他一樣高度的位置之後，他可以往更高層次領域的市場去開疆闢土，所以我對團隊也有相同的期望，也是要讓他們的角色是能夠接替我的位子，我才可能有機會往更高的地方走。

　　團隊的成員其實都非常認同我給予他們的理念，因為一開始大家就知道我們有共同追求的目標，但這個目標一個人是做不到，一定是需要「團隊」才做的到，團隊之中每個人不僅可以向更優秀的人學習，每個人相互之間彼此也可能會有影響力，對於一些可能想要追求卓越但又沒有勇氣或缺乏行動力的人，因為有了團隊的力量做為後盾，有了信心與信任之後自然也會採納我的說法，慢慢去跳脫原本的舒適圈，堅持理想持續去做，而我也會分享我自己原是上班族的經驗，分享我過去的處境以及現在的模式。

　　從前的我也是想要跳脫一個上班族的軌道，現在可以帶領團隊，他們深受我的感染就這樣一直跟著我做，而現在我也能達到我給他們的承諾，現在身為區長以及主要參與付出的團隊成員，一定都比以前好，收入也比以前領更多，現在每個月都能領到六位數，實質進帳都非常的好。

　　我跟他們溝通觀念，關鍵就在於：「不要把人生都賣給別人，時間既然是最寶貴的，那麼就要用在最精華的重要事情上，這樣才會有意義！」

　　他們當初也就是因為相信我，就和我相信慶仔老師是一模一樣的，這也像是拿到一本書，書裡頭的道理和方法都是一樣的，不會因為不同人看而有所不同，但我們都照做，我都認為我不是最聰明的，但我就是相信這個人，同樣他們也是相信我，經過很多次的考驗，中間也有摩擦，也有低落的時侯，但他們是最能堅持的這一批人，也就會有現在的成果。

　　從跟著慶仔老師一樣，我也是最能堅持的，到現在快4年了，進來的觀念就是傳承，我自己提升上來，收入也增加了，公司也有了，甚至海外公司也有了，就是一步步遁序漸進的布局，從房地產基礎再延伸出更寬廣的財商事業版圖，希望這一套能有幫助，能夠用到他們身上，走跟我一模一樣的路，至少少走一點冤枉路，不用像很多人為了成功或是想賺錢，這個地方學、那個地方又學，不只浪費時間、金錢，其實也找不到他的方向在哪裡？

　　同樣的觀念其實我也分享給身邊的很多朋友，早期我在上班時有很多朋友，我也是這樣鼓勵他們，但聽的進去的最終只是這幾個核心的幹部，反而不是原本認識有交情的朋友。因此我相信團隊是因為大家擁有共同信念才能凝聚在一起的，這幾年我們的付出都沒有錯，我們正幫助一些人去跳脫，它是一個善的管理，一個善的循環，如此當他們成長了，也一定會去幫助下面新的學弟學妹一起都變好。而當新的學員一直都變好，我們更要一直不停學習、去提升能力，促使我們自己再去學習的原因是一直想著下

面這些人，他們一定需要更多的資源，一定需要更多的幫助，不然他們參與我們團隊學程的學費也是很貴的！

$ *整合資源，給資源*

　　常常慶仔都跟我說要去哪裡學習……要花十萬、二十萬，其實也是有壓力，但是下面的人會推著你，你要去幫他們整合資源，我們自己一定要衝在最前面，把資源帶回來給他們，他們有了資源，一定也是分配給下面的人，這都是一連串的行動力才能整個帶動起來，所以我說這是團隊沒有錯，做最核心的價值；而且幫助人也沒有錯，把我們會的東西教會下面的人，而且所教的東西一定也是我自己親自有做過，他們不會再走冤枉路。

　　帶領團隊如果用的是一種「老闆」心態會是很不好的！所謂老闆心態，就是會把所有資源掐在自己手上不敢或捨不得放出去，害怕底下的人學會了本事又拿到資源

後，比自己更強，超越自己，所以都會「留一手」，底下
的人沒有辦法獨當一面的話，帶領的團隊沒有人會抓魚，
那麼只好直接給魚吃，最後累垮的還是自己。如果心態自
私、氣度狹小，就不配成為一個優秀的領導人。

因此在資源整合的部份，我們都會把以前的一些經
驗，包括人脈的資源直接帶給他們，等於是讓他們有一個
捷徑可以走。

1. 提供資源後，檢核回報了解學習成效

我訓練人不會只是直接給方法或給答案，我一定會把
我跟慶仔老師學到的東西，甚至原本我懂的全部教會下面
的人，就跟慶仔訓練我一樣，但傳授的方法我一定會交待
他一件事情，或是引導他要去朝哪個方向去努力？他努力
的過程碰到什麼事或遇到什麼困難，我會希望他定期的來
跟我做回報，從這個回報的過程你也可以測試到他到底有

沒有心？在他一次一次的回報中，我當然會知道他一定會碰壁，我會先讓他嘗試，當後面真的不行的時侯，我才會去協助，把資源和人脈提供給他。

在提供資源和人脈的時候，我可以給他一個方向，但是不會直接跟他表明說：「你可以去怎麼樣問他......要問他什麼問題......怎麼樣怎麼樣......他就可以直接幫你。」我會告訴他說：「你可以去找某某人；或是去哪裏找資源。透過網路之類的.......」我會給他方向，讓他自己再去摸索，因為市場變化很快，不管是稅啦、或是金融資訊啦、或是土地或是建築......「尤其是房地產的相關法令一大堆，而且變的很快，有可能我二年前做的經驗，現在已不符合需要，但是你現在碰到的問題，這個代書他可能可以幫你，我把之前的經驗教給你，但是你還是要去印證！」

我比較喜歡的是你有心找過、你有先努力過，真的不行再來尋求上面的資源，但是你可以一開始就把這個回報

給我，然後自己去面對處理，而我也會把它記在心中，我也會考慮，我一定會先想出一套方法，不行的時侯我才會去幫你，我都是這樣的一個概念。因為如果學習的人自己不去親自面對問題，老師直接給答案、給方法，你沒經歷過，經驗並非是你的，老師的資源還是老師的資源，老師的人脈還是老師的人脈，它不會因為你知道了就變成是你的，因為人脈資源這樣的東西是看你怎麼實際去應用，人脈你沒互動人家怎麼信任你會去幫你？資源你不去拿不去要人家怎麼會主動給你？

2. 真正有效成熟的資源，事倍功半

當學員真的懂得會應用，當有實際需要資源時，我們就可以把自己過去的經驗和人脈管道提供給他們。

比方到什麼地方需要有什麼服務可以去找哪一個分公司；什麼樣的案件需要貸款可以找哪家銀行、哪一個襄

理，他就會幫忙；或是房產不同的專業的問題你就去找王代書、哪個問題去找陳代書；遇有什麼樣的問題找什麼樣的人脈關係，他們就會幫你……儘可能讓他們有一條可行的捷徑，他們可以更快獲得成功經驗，順利達成目的。

　　但如果底下的人碰到的確實是他自己的問題、我若有過相同的經歷我一定會幫他，如果我沒有經歷過，也一定會找資源來協助，如同是一起面對和學習，像這樣的傳承是一個善的循環，這也是為什麼他們會跟我跟那麼久的原因，因為學員確實是照我們所教的、照我們說的去做，而我也會定期去檢視他們，他們也達到我們擬訂想要的程度、目標，一直跟隨、一直照做，那他們自己也會變好，一定是他們有變好，他們才相信你這個 leader，其實不是我挑他們，而是他在挑我們的！

1-3　不只房地產、不只是財商

　　在我「首席財商」課程的說明會，我都會跟來賓說明比較「股票」和「房地產」的項目，那一項的門檻與投資較為容易？我會以簡單入門的面向去說明做股票是比較容易的，也因為容易的關係，很多人都會投資，很多人也會做，但相對就會比較飽和。

　　想一想真正有錢的人有沒有在「買股票」這件事情？
　　「很少，真的很少！」
　　但是他們都在做什麼？
　　「賣股票。」

　　這就是我所謂的 IPO 概念，先是自己創業或是找有潛力、新的、小的公司參與它的股權，然後再去經營支持它到可以上市、上櫃，讓公司股票流通賣給投資人這件事。

類似像「天使投資」的這樣一個過程，到 IPO 上市上櫃前的股票價值，一旦售出，很可能就是上百倍漲幅的報酬。我希望他們學到這個概念之後，變成是懂得把公司上市賣股票的，變成和有錢人一樣的思維，用這一點去刺激他們，不要再把資金丟到股市，你要把融資出來的資金丟到房市、土地上，有錢人都是買土地、買房子嘛！

我會導到他們這個觀念是正確的，就會帶到相關房地產部份。分享我過去房地產的經營，怎麼樣透過房地產來合法擴大我信用資產，同時讓我房地產也賺到錢的一些實例，鼓勵他們一定要建立好自己的信用資產，甚至幫他們建立中國、香港的信用資產，課程主要賣點是這樣。

所以等於就是讓他們可以在中國、香港先是有了這種信用資產之後，就等於是先買好了門票的意思就對了！先有了門票，他如果以後是要做香港生意或是大陸的生意都可以，換句話說，你在大陸那邊有了信用資產，你可以接

軌的市場商機就會非常的大，因為整個華人市場在大陸有
13 億的人口，他們的市場和你做的生意，資金是可以流通
的，就有機會流進你的口袋；然後香港這個部份，接軌的
就是國際市場，你有東西在香港賣，那香港就等於是一個
展示的舞台，你有東西在香港賣，全世界都可以看的到，
全世界的錢也就有機會可以流通到你的口袋。

　　像這樣的一個概念，未來你想要切入大陸的市場和全
世界的市場，觀點不是只有在台灣。但是當很多人想要跨
出去的時侯，那個門到底在哪裡？是要怎麼樣走出去？大
部份的人都說：「想要出去、想要出去！」可是現實層面
大部份的人都沒有辦法突破，像是政府提供了什麼資源？
大家不知道......你若不知道那麼到底是要怎麼樣出去呢？

　　而我這邊就是提供這樣的一個管道資源，也可以說我
只是給他們一個格局的機會，我沒有鼓勵他們真的要離開
台灣到別處去，還是要留在台灣，但是我們可以藉由兩岸

很近的距離，透過資金投資，運用這些資源，你甚至都不用上班，光靠投資就行！

因為當你身上有 1,000 萬，你做 100 萬的投資很難嗎？我覺得不難！

當你有 2,000 萬、3,000 萬更快，但這些資金又要怎麼來？「存比較快？還是融資比較快？」一定是融資比較快。

兩岸三地融資 1,000 萬是很簡單的事情，甚至在台灣也都不難，所以你一定要充份運用這些資產的力量，去讓你的人生可以有很多的機會可能或是很多的被動收入，當有了這樣的一個賣點，就像我一樣，賺了錢之後可以再拿一些錢去投資、再去讀書，再去培養更多的國際人脈。

我在財商這塊講有關信用金融這部份，因為現在的人都想投資，投資的標的會是一種「商品」，可能是實體或

非實體，而另一方面投資在「資金」層面一定也會有花錢或不花錢，像房地產就是一種商品，可是不花錢可以投資房地產你覺得可能嗎？

主流的觀念對於像「0元投資房地產」的議題會有一些批評，但是假如說0元是真的能夠投資房地產，怎麼樣去講通0元投資房地產並不是不可能的事情，它真的是存在的，而且它也並不是不合理或者是違法之類的，用財商這個角度去說明讓大家對這個觀念去洗清一下，是可以為這樣的一個理念去做平反的。

當視野看得更廣時，商品市場不會只有房地產，且市場不會只有在台灣，教他們中國的金融、香港的金融、結合兩岸三地......這就是最大的賣點，因為沒有人在教這一塊。每一個想賺錢的人都在市場當中找「商品」，看有什麼東西可以賣，但是當你視野看更廣時，你會發現這個世界上其實並不缺商品，缺的是「會賣商品的人」，真正的

關鍵是要看誰能夠把商品賣得出去，所以什麼樣的平台和商業模式，可以流通把所有的商品銷售出去？誰能掌控這個銷售平台，誰就是贏家，這就是我們要創造布局的未來！

第二篇
視野／國際／區塊鏈

翁玉能

退休，卻發揮了退休人生的真正價值，傳承智慧經驗，與年輕夥伴共同學習、實做，引導團隊成員領略明確的目標與方向理念，無非是穩定團隊軍心的要角。

　　房地產的投資領域，在早期都是屬於單打獨鬥的模式，現在有了團隊經營的新型態，其實也呈現出社會和產業經濟都是會隨著時間趨勢不斷地進步而轉變，當現在多數的產業型態都開始藉由網路與通訊科技做為應用工具或資訊交流的媒界時，房地產的市場當然也會開始發生質變與量變。

　　由產業鏈的縱向來看，房地產投資型態從「個人」進入到「團隊」，由「團隊」的觸角再去延伸擴大，未來它一定也可能接軌「國際」；而由產業橫向周邊的連結來看，它從「獨資」、「融資」到「合資」、「股權」，進而也可能會再擴及到衍生性的金融，漸漸地由不動產擴及相關財商的物管與金流產業，我們已看見它也隨著趨勢潮流應運而生。

　　在以前自己擁有房地產時，房子只是用來住而已，我還想像不到不動產這項產業可以衍生這麼寬廣的市

場，就像我們以前想像不到通訊的發展可以從電話升級到手機，而現在更有 FB、有 LINE 來取代的變化，而全世界的進展發生這麼大的變化，仔細回想它其實並沒有經過多久時間。

我自己以前做釣具方面的生意，在大陸發展非常久的時間，當大陸的「微信」一出來的時候，我就下載使用，原本只是嘗試與好奇的心態，可是沒想到現在整個中國甚至是華人的地區對於「微信」的依賴幾乎已經是成為「必須品」了。

同樣以前我們從來沒有想到會有 Uber、Airbnb……這樣的商業經營型態，到它實際出現，並且發展快速到政府法令規定都不及因應的速度；以前也沒有 U-bile、O-bike（我們台南是 T-bike）……

　　從這些這麼快速的轉變之中，有一個「區塊鏈」技術打破了各個產業制式規範的疆界，因為它的「去中心化」概念可以對接起不同領域的產業別，像是「比特幣」就取代了匯兌金流，對各個國家的貨幣制度造成很大的衝擊，而這類「虛擬貨幣」的種類因為出來愈來愈多，「虛擬貨幣」未來可能會死，但是「區塊鏈」它本身不會死，它在不同行業上可以發揮不同的應用性，未來也可能將房地產和其他產業做結合，它的應用是可以讓「團隊」打敗「企業」更強的一個經營發展模式。

　　因此加入慶仔老師的房地產團隊，冠佑區長著眼於「首席財商」的這一塊，便是房地產資金面向的一種「橫向」產業鏈結，可以延伸發展出的市場，值得我們用更高的視野來去看待房地產和財商區塊的未來發展。或許我們可以做第一個房地產的「區塊鏈」出來，甚至從房地產團隊的成員之中，自己可以組合出更多項目的團隊出來。

2-1 跨界人生新事業，房產融合財商新視野，退休更精彩

　　能有比較開闊的視野，倒不是因為我有多麼新興前衛，我反而現在已經是退休的世代，早年更只是個純樸的鄉下囝仔，我出生在苗栗鄉下一個靠海叫做「好望角」的地方，以前人煙稀少，現在則規劃有了一個濱海風景區，遊客已經開始絡繹不絕，爸媽現在就在風景區賣自己種的農產品，生活反而過得充實又快樂。從以前就是在海邊務農，國中畢業因為升學的關係我就來到台南，讀中華醫專食品營養科，那時的學制還是五專。國中畢業到台南讀書的時候，舅舅當時正好在台南開立醫事檢驗所，所以我就住我舅舅那邊，一邊打工、一邊讀書省掉了爸媽一大部分的壓力。

　　讀完五專以後直接就去當兵，抽到金門的「外島籤」，

一年十個月的服役期,中間曾回台灣在三軍總醫院照顧病人半年的時間,後來再回金門沒多久就退伍了,退伍之後從事了幾個工作,先在巧克力工廠工作,再來就是在外面跑焊條的業務。

後來主要持續最久,甚至影響我整個人生生涯的工作就是做休閒釣具的展店開發業務,這份工作我一待就待了26年,從民國80年進去,一路跟著公司的產業從台灣轉進到大陸,一直做到民國106年從大陸回來就退休了。

$ 事業並不一定要如何結束或開始

回來後原本想從事本業,但感覺本業不太景氣,剛好慶仔老師在開課,去聽了他的說明會當下就加入了,加入後覺得蠻適合我,因為我正好處於退休狀態,等於我從大陸回來就沒有工作了,房地產這一塊若把它當成新的事業來經營,覺得自己正好也可以,於是就專精在這個方面。

　　106 年從大陸回來，5 月我就進入團隊，雖然到現在也才一年多的時間，不過我很努力的學習也蠻快就進入狀況了，差不多兩三個月之後，就有物件可以投資了，開始認真的去找物件，參與投資的過程之中，每一個物件我都自己去看，就是慢慢一步一步的一邊了解、一邊去做、一邊去學習，第一個工程完成過後，第二個工程基本上也就由我整個在處裡，弄到現在，大概十幾件案子，也都由我經手處理比較多。

1. 老經驗，可以精進而後傳授

　　在裝潢設計方面比較上手的原因，是以前還算稍有基礎，像我目前自己住家的一棟透天房子，大概十年前買的時候，當時就跟設計師一起討論一起做，我是很仔細的慢慢每一個工程自己接觸，設計師也讓我自己去看，教我說什麼樣的東西可以自己去弄，所以我就自己慢慢一個一個去比較，像是磁磚要用怎麼樣的顏色、什麼材質的都可以

自己選，廚具、衛浴的設備也都自己挑。

因為過去剛好有弄過自己房子的經驗，在設計方面也稍微有一些概念，機緣巧合讓我在進入團隊之後，可以在學習裝修設計的這一塊比較快進入狀況，實際經手案子到現在我已開始在帶設計了。

2. 新觀念，不懂財商錯失應用也是一種損失

除了設計原本有一點底子，我對財務方面原先卻一點都不在行，對於房地產的財商觀念，就真的是到我進入團隊之後才讓我大大有所改變，以前的觀念，房子就是不動產，買房能不貸款就不要貸，所以我當時自己的房子買了之後，貸款我在兩年之內就把它還清了，那時不會想說要貸那麼久，也不懂 2%的房貸和其他 7%、13%、20%的信貸、卡貸、高利貸......有什麼不同，所以很快就把它還清了。

　　還清房貸，等於把自己原本可應用的資金全都鎖進了「不動產」，在低利率時代沒有利用資本條件轉做靈活投資，提前還清房貸也就等於是把錢送進銀行裡頭變死錢。

3. 分散風險與周轉靈活概念

　　現在我除了投資房地產之外，也會投資一些基金，例如國外的 ETF、壽險、美股這些......只要是投資報酬率保守能超過房貸的，多少我都會去投，當我有多餘閒錢的時候，就會去找額外的投資方向，不一定要全部投在一個籃子上面。

　　我們在投資房地產的方式，也是鼓勵學員可以多投幾件，但以少額的先投，你的風險才會分散不會固定在一起，比如說你的投資物件比較大你的風險就會比較大，同時周轉的時間可能也會慢一點，但如果你投資案件多的時候，不同的案件可能這個周轉快、別的周轉慢，整體的資金你

還是可以周轉得來而不會完全被卡死，能夠配置好這種情況會是比較好的。

$ 「觀念正確」比「時機好」更加重要

到現在進入團隊之後，我才有了新的觀念，如果有能力，房子還是要多買，現階段我自己進行多方面投資，一邊做股票基金之類的投資、一邊做房地產，累積多餘的資金，以後還是要多買幾間房地產。

雖然並不是時機好你就一定能賺錢！像是台北、台中其他房市從 2008 年金融海嘯之後就開始一路漲，台南房地產的明顯大幅變化，其實也是這四、五年的期間才漲的比較多，但是說真的有多少人在「奢侈稅」當時風聲鶴唳的時候進場卡位了？而現在又是「房地合一稅」，也還是讓很多人驚心動魄不敢進場！所以說什麼時機真是好時機？誰會說得準？

　　其實房地產投資進場最好的時機就是在民國 92 年發生「SARS」的那個時段，那時房市真的很低迷、股票市場也是慘賠死了很多人，那時候買房子真的是最好的時機；而再更早期民國 80 年前後也是有一波，那時真的感覺到錢好像很好賺，房市好、股票好、景氣也很好，當時台南的房地產就漲了很多！

　　可是現在聽到大部分的人，都一直總是怨嘆錯過時機。所以並不是時機好你就一定能賺錢，而是有了觀念你才可以把握好時機！

　　像我差不多是在「SARS」發生完後兩三年才買房的，原本在「SARS」期間就有在看了，當時知道很便宜，可是就不知道該怎麼出手，到後來真的剛好找到適合的地方才真的出手買了下來，因為之前的觀念是「只要有房就好了」，所以就只買了一間，如果早有房地產的財商觀念，就不會怨嘆自己當初只買一間了！

2-2 退休更顯價值的新事業 經驗與智慧的傳承

　　我退休後回到台灣，其實原本的老闆還有再找我，說要出資讓我在這裡繼續幫他做，因為釣具、釣桿的生產技術老闆有，他希望我在台灣幫他開一個廠，可是資金畢竟不是自己的，幫別人再從無到有創建一個廠，能不能順利做的好？會不會把人家的資金虧損掉？那是一種責任，所以我還是決定不要。

　　經營一個事業是要看長期，我加入房地產團隊，也知道房地產投資是要以一種比較長期的心態去面對，不能想是賺快錢。因為你買一間房子看好了下手可能很快，一下子買了，可是要賣你不一定可以馬上賣得掉，當你預定好要賣的時候，萬一等不到買方，你就是要等，不是你決定要賣就能如你預期的。

　　以我的背景經歷，指導團隊的學員，我能夠給予他們一股「安定」的力量，我會告訴他們：「投資總是要資金，而資金就是自己原本要有一段時間的累積，不管是工作也好、其他投資的來源也好，你還是必須經過自己一段時間的付出和努力才會有的，所以就先安排好自己，給自己一段時間去儲蓄資金或是學習能力，在準備好投資的條件以前不要急！」

$ *穩紮穩打，學好本事，自然賺取能力的價值*

　　加入房地產團隊，目的就是想投資房地產賺錢，這無疑是每一個入會學員最主要的動機，可是大家入會所繳交的錢是什麼？並不是像高爾夫球俱樂部、扶輪社、獅子會……那樣的社團，加入之後每年還得必須持續繳交一年一度的會費，你才能享有會員資格，參加慶仔房地產團隊所繳交的是一次性的課程費用，它是一個學程的教授，是教育學習的費用，這意味著你必須要學會基本的知識，有

必修的科目你必須要具備，才可能參與團隊的投資。

　　換句話說，這種「一次入會、終身會員」的概念，教育訓練傳授你房地產的知識，教你如何看屋、尋屋；怎麼議價和買賣交易；怎麼裝修；怎麼賣；怎麼節稅……所有學習的過程是要提升你的能力，當你買房子時，價錢可以買得比別人低、裝修費用可以比人家更便宜、品質又比人家好，那麼你的利潤或是附加價值就會比別人高，風險又比別人小，你學會了這些東西，就變成自己的能力。不必說一個物件就把自己的學費賺回來，你還得到許多和你一起合作的好夥伴，大家彼此分工，參與投資案件經營也用不著這麼辛苦。

　　有很好的學習課程和很多夥伴的資源，可是這些都是要靠你自己實際參與，透過上課才能與其他學員夥伴有互動，見習施工案場你才看得到裝修的真本事，這些也需要時間，如果從一張白紙開始都不會，耐心一點學，同時也

有時間讓你累積足夠的資金做準備，投資也就會比較安穩，也就不會因為急著下投資而亂了方寸，一出錯一心急，慌了手腳的情形，反而折失了利潤或甚至虧損的結果。

所以該要學的慢慢學，不用急著一定要馬上就投資，累積學習的經驗才是首要的重點，當你所有東西都學會了，只要有能力，其實團隊資源自然就會自動流進來了。

$ *適合投資的標的，不只是物件，也會是合作夥伴*

合作的基礎在於「信任」，團隊之中你要付出，別人才會看到你，喜歡你之後當然也就信任，當有合作投資的案件機會，別人自然想要找你合作。

人跟人之間其實會有緣份、默契，也會有互補的情形，所以當團隊成員愈來愈多，每一個人來自不同的領域，也有不同的專業背景，這些都是潛在的資源，在參與不同的

案件時，每個人會有不同的喜好和經驗可以交流，像是風水上面可能有人會忌諱路沖、嫌惡設施，甚至凶宅的問題，有些人看房子的時候可能因為宗教信仰的不同，不會去特別在意某一方面的問題，就沒有考量到，而透過了團隊交流的意見和討論，有這種個人單獨決策的錯誤問題也就可以避免掉。

而在合作對象之間，也要看大家不同的適性去做選擇，如果團隊成員少，有些人快、有些人慢，勉強湊在一起投資可能就會產生一些磨擦，但是現在團隊成員多，資源也多，彼此合作的對象與選擇就會比較有彈性，這也是一種好處。

不論工作也好，投資也好，每一個人看待自己的生活都有他自己的方式，像我自己可能因為退休資金累積比較多，但因為沒有了固定的工作收入，保本對我來講就會比較重要，所以我會顧慮到分散風險，財商方面不只投資房

地產，我也會分散投資在不同的項目之中。

　　而做房地產的投資也是用比較緩和的方式，我會以參與多一點的物件，分配資金在不同的物件上做投資，或許資金不必多，但這樣子可以讓我在不同的時點機，當不同的投資有獲利時，我可以一點一點的收，我用分散投資的方式，也分散獲利，可以讓我退休之後，還能有不斷的收入進來，因為投資還是會有「時間性」的問題，不能急，這樣的投資方式可以讓我在資金上面不會使自己那麼緊張。

　　但年輕人可能方式會不一樣，如果資金少，可能重押在一個標的上，承受的風險就高。所以藉由團隊的學習與合作資源，也能透過融資增加投資的本金，適當的調配投資標的，做好資金的周轉來避免風險，以提高勝率。

 *累積知識、培養能力，才是年輕人的競爭實力*

　　在團隊裡有一些比較年輕的學員，我會建議他們再多加強財商這一塊的知識領域，因為我覺得這是最起碼知識性的學習，不一定像是裝修、工務方面的東西真正得靠親身參與實戰才一定能懂。

　　大部分年輕的學員，如果一進團隊就告訴他們如何找物件去投資，他們多半還有原本的工作要做，剛進來也沒辦法全心在這裡，因此我希望他們還是要把原來本業的工作做好，因為房地產的投資產業是比較長遠性的，不是你一進來馬上買就一定可以馬上賣出去的事情，如果真正有投資房地產的「事業心」，那是要以長遠的方式來看待的。

　　所以不必操之過急，年輕人只要先熟悉房市相關的知識，等到他有足夠的資金再全心投入會比較輕鬆愉快，像我個人在資金這部分就比較沒有壓力，有適合的物件我想

投，我就多少投一點，這樣也不會給自己太大的壓力。

1. 不要隨著風聲自己嚇自己

　　我從原本工作退休加入房地產團隊之前，算是我在大陸十年期間的黃金歲月，我在釣具公司轉戰進到大陸後的業務是以採購為主，由於必須也要兼負拓展通路，所以除了兩、三個省份不曾去過以外，這份工作的市場開發經歷，可以說是讓我全中國都走透透了。

　　現在輿論常把市場、經濟、教育……各個方面的競爭力和大陸相比，我覺得年輕人要有自己的思路，隨著社會許多抱怨的聲音起舞真的很沒有意義，其實不管在什麼年代，都會有人做得好、有人做得不好，每一個年代都會遇到景氣好或景氣不好的時候。縱看一個人的人生也是如此，人生在每個不同階段，有時會賺到錢，有時也會虧錢，也算是常態。

　　因此最重要的還是要看自己的觀念，如果你自己不努力，你說現在怪政府、怪政策，都是多餘的，因為並不是只要政策改好、景氣旺了，你就一定會有好的機緣，就算政府給你很好的政策環境，你自己不努力也沒用，你還是必須有方法、有努力，才有機會。所以年輕人要培育自己的實力，培養自己的思路，你面對整個世界衝擊的應變能力才會越來越大。

2. 專精本業，導入新趨勢，領導時代永遠不會被淘汰

　　尤其現在社會變動越來越快，像現在 AI 的人工智慧時代，工作取代競爭的壓力一直來臨，有很多人會因為這樣子而失業的，但你有沒有提早做因應？除了本業之外，你有沒有其他領域的專業知識？

　　你要去多方面的碰觸學習，你才有機會能夠在這個領域不會因為社會的變遷而被競爭淘汰下來，即使無法避免

在社會變遷的過程中被淘汰下來，但如果你有額外技能的話，說不定你還能有大發展。

　　像現在很多人在關注一個很夯的東西叫「區塊鏈」，如果你去學這方面的知識，可能在這方面就能學到很多不同領域的專業，這就是一個機會，很多從「區塊鏈」得到不少利益的人也有，這就是每一個人看到時代在變遷轉動，你要怎麼去領導這個時代我覺很重要。

　　有人說現在時代正在發生所謂「工業革命 4.0」，現在還有 AI 機器人、虛擬貨幣……未來可能還有很多無法想像的事物會出現更多，當很多人不懂、沒去接觸、也不想接觸，久而久之就會被淘汰了。

　　可是未來一定還有類似「區塊鏈」這種去中心化的趨勢，會促使各行各業必須依靠新的市場型態或商業模式來去連結發展，所以說年輕人的競爭力要怎樣才能實質提升

而非只是講「空話」？是你本身對自己的專業有沒有很投入瞭解？有沒有跟上時代的應用以及迎向未來可變的因應能力？一切還是要紮穩你現在自己的本業職能，唯有自己的本職必須夠專業，面對將來任何的轉變你才懂得如何去適應接軌，你才不會因為這樣子而被社會淘汰掉。

2-3 學會倒空自己
　　　才能重新裝更滿裝更多

　　現在社會上還有很多人都還沒聽說過什麼叫做「區塊鏈」，雖然在目前新聞媒體資訊自由普及的時代中，資訊傳遞非常快速，即便如此，社會環境當中普遍還是有非常大的資訊落差，因此在很多人還不清楚什麼叫「區塊鏈」，或是可能聽過但還是很懵懂的一知半解現狀下，很多比我年輕的夥伴聽我談到有關未來產業區塊鏈的領域比他們了解得還多，他們都非常地訝異！因為一般觀念對於像我這樣年紀的「熟齡世代」都認為應該是很守舊，對於新事物的了解不感興趣才對，特別又是有關於科技產業的新知和應用，年輕人直覺都會認為他們起碼一定比我懂得多，結果反而是我比他們還要積極好奇感興趣，顛倒回來還是我在鼓勵他們要多去接觸學習新知識。

　　對於學習力的快慢普遍大家都會認為年輕人的學習力應該比較快，年紀大的人一定沒有比年輕人學東西要來得快，但為什麼反而我的學習應用還比他們更快、更進步？我個人認為其實學習能力跟一個人的年紀大小並沒有關係，而是每一樣新知你能不能從零重頭開始學習？

　　因為我認為年紀大還是得跟得上時代，以前在大陸從事業務看到大陸這些年的飛快進步，自己在工作之中就養成習慣一定要快、一定要學，不學你就跟不上社會現實生活中的應用，想要便利就還要學會新的智能科技怎麼用。所以記得大陸當時微信一出來的時候我就立刻註冊開帳號用，支付寶一出來我也同樣立刻辦，到後來微信支付綁定帳號、實名認證等等的應用工具，很多台灣還沒有的生活應用科技，我都已經在用了，所以當現在所謂「區塊鏈」的應用科技發展，我看到它對整個世界所有產業的影響將會非常大。

　　學習每一樣新的事物，很難避免一定會跟我們舊的習慣有衝突，如果不嘗試改變，抱著既有的思維去看新資訊，學習就會產生障礙，所以我在學習任何東西的時候，一定會先把我以往的認知全倒空，把我自己當成什麼都不懂，不要自以為是，才能真正學好新知識和新事物。

　　就像我現在學習房地產，這和我以前的專業是不同的領域，就算以前我在個人職業領域做到了無可取代的專業能力，可是一旦跨界完全都不懂，如果自以為自己只要學一點就夠了，新領域的基礎知識能力沒打穩，實際上路肯定頻頻跌倒或翻船！

　　在學習的過程之中最怕的就是「半桶水」，像是一些人其實並沒有接觸過房地產市場，不曾買過房子，也從來沒有真的去看過預售屋或是跟房仲看過房子，只是聽過別人如何...如何...的故事，或是從新聞媒體看、聽過片段的資訊，就自以為有一些了解，把零散破碎的資訊拼湊變成自

己的真知見解，就會覺得只要學一點就會了，這樣反而不能夠踏實地從零從頭開始學習，也就學習不到真正完整的東西。

所以學習新事物，我們應該要把自己當成一張白紙，也就像是一個瓶子我們如果要去重新裝滿新的水，那麼就要把原本瓶子裡的水都倒空，用這個空瓶再去裝，才能夠滿滿裝好一整瓶乾淨的新水，你才會完整的獲得全新的知識。

像是下一篇主題的主角馮凱芝，因為單純就是一個家庭主婦，雖然一畢業就嫁人沒有任何社會工作的經驗，但是也就因為她完全沒有接觸過其他職業有過社會知識的洗禮，加入我們團隊的她就真的是一張非常乾淨的白紙，在學習的過程之中所有傳授給她的，她都會像海綿一樣的把所有接受學習訓練的內容完全吸到最飽，學到最完整的。

　　當她實際在操作投資的時候，聽話照做的全然信任，反而碰到的問題變數卻是最少的，因為一般的人在投資的時候常會被自以為是的過去經驗或其他資訊干擾，所以在執行決策的時候，只要摻雜了自我感覺想法，判斷就很可能不能客觀、不能精準，也就極可能會遭遇一些阻礙或是碰到風險。

　　像凱芝這樣的條件，原先什麼都不懂，或許在先天條件上並不是最聰明、最專精的，但是她學習表現的成效反而卻能夠做得比其他很多有經驗的人更好，能夠在很短的時間就擔任起重要的職務，更證明了只要有心、只要肯學習，就能擁有能力，當能力和實力俱足後，自然不會沒有機會。

第三篇

知用/學用

馮凱芝

家庭主婦，能在家務之餘走入人群參與財商學習，在團隊之中展現組織教育訓練的社會能力不落人後。不做職業婦女、不入職場，卻更進階能 "擁有事業"。

　　學習也就像是前一篇翁大哥所說的觀念，不能急！學習算是一種過程，本身就是要有時間性地去參與接觸，一件事情你才有可能從「不會」到「會」！而學會一件事情的目的，是要真的去做、真正去用，真正去把學到的東西付諸行動去實踐才會有所得！

　　像是慶仔老師一開始如果沒有把房地產的投資經驗和他會的東西帶領團隊教大家，今天不會有這麼大的團隊；冠佑（首席）如果只是學會慶仔老師的東西而沒有真的跟著慶仔老師的腳步一起做，今天也不會是帶領一個區的區長，甚至擁有自己的「首席財商團隊」。

　　對於一個知識的學習到可以變成這門知識領域專家的過程，都是從最小的地方開始，像我現在成為這個團隊的幹部也是從小助理開始做起。因為我畢業之後沒多久就嫁人，其實沒有什麼社會經驗，當初有機會可以

擔任副區長的角色，我就想像能帶一個團隊也就很像是一家公司的主管一樣，也是一種肯定，一邊自己學著帶人像是一個主管的角色，而在說明會招攬學員的這個層面，其實也蠻像業務的，也算是給我一種自我的挑戰。

3-1 全職家管,藉房地產財商實戰 為家計再闢糧倉

因為現在產業經濟的轉變太快,你不能預期什麼時候景氣又會發生什麼變化,像是房地產的景氣循環也是,它也會有一個循環,不會永遠都很好。

所以我們房地產投資不能光只是等它的景氣好賺增值,必須要有真正的本事賺它裝修前後實質創造出的價值價差,我們才不會受外部環境的景氣變數而失利,當房市景氣真的跌下去時我們還是一樣有本事賺,一旦房價下去之後它還是會再起來,而當它下次循環再起來的時間,賺的可能就不只是現在這樣了!

$ *畢業就結婚的跪婦高材生*

我的生活一路都還算是平穩的，要說比較不好的時候，或許就是我大二要升上大三那一年，那時我父親因有上百萬的負債，因此我必須很努力的打工賺錢，所有生活費、學費都由我自己半工半讀來支出。而我底下有一個弟弟一個妹妹，弟弟原本要繼續念研究所，但他顧及到家裡的狀況，後來也選擇先入伍當志願役，先有穩定的收入來幫忙家計，後來考上警察，現在花蓮服役當警察，職業也還算穩定。

而我本身大學是唸成功大學企管系，學生時代因為忙於打工賺取自己的學費與生活費並沒有參與所謂大學必修的「社團活動」，現在回想起來的確蠻可惜的，因為社團活動其實是培養「人脈」的一個好平台，正所謂「人脈就是錢脈」。相信每個人一定多少都有打工的經驗，我做過餐飲、家教、安親班這類的，還有在學校擔任教授助理。

很多人說我是高材生，但我一畢業就結婚了，先生家裡是開工廠的，工廠營運發展的還不錯，因此在我嫁入之後，公婆希望我能把重心放在先生與孩子身上，為了家庭著想，我便毅然決然地放棄了自己的工作。其實當時我在國泰銀行有份基本行員的工作，年薪大約 40 幾萬，因此就有朋友戲稱我是浪費國家資源的「高材生」，還白白的放棄了一個還不錯的工作機會。

雖然在家庭經濟方面不需要我出去上班賺錢，但我就是覺得自己不應該這樣一直在家，還會被別人認為，我只是個無用的米蟲。因此，除了照顧小孩之外，總覺得自己的人生應該還需要再成長一些，所以我在家就會用一些有的沒的，一開始我成為一個團購主，開始在網路上做起團購。開始團購後，也讓我認識更多團友，到現在甚至跟幾位團友主購還成了好朋友。之後，想要讓自己的收入能更多一些，我開始在網路上搞吐司宅配，結果，身邊最親近的人非但沒支持，還常常落井下石。我的豬隊友就常說：「妳幹嘛啊？老是喜歡做些有的沒有的事情。」搞團購，

家裡透天厝的樓下也都堆滿貨，現在又搞網路宅配吐司，他也覺得莫名其妙，搞那個幹嘛？直到現在接觸房地產，他又說：「妳去學那個房地產幹嘛，我們已經有房子了，妳也不需要啊！」

現在回想起來這些種種，都覺得好加在當下自己並沒有因為豬隊友的吐槽，而放棄了這些學習與成長。我一直相信，學習且不斷增進自己的技能是必要的。和勤奮的人在一起，你不會懶惰。和積極的人在一起，你不會消沉。與智者同行，你會不同凡響。與高人為伍，您能登上巔峰；積極的人像太陽，照到哪裡哪裡亮；消極的人像月亮，初一十五都一樣。

$ 未雨綢繆，「學、做」嘗試經驗儲備實力

我想可能是大學父親負債的那個時候吧！家裡缺錢那時候開始去打工，就覺得錢其實還蠻重要的，錢雖然不

是萬能，但沒有錢，卻萬萬不能啊！雖然沒有正職工作經驗，但我有做過團購，所以懂一些些網路上的行銷觀念。我在網路上開店賣宅配土司的時候，一開始沒有客源，那時候 FB 網路也還沒發達，因此我都是從網購平台上，一個一個發訊息、發廣告給主購們。雖然現在網路更發達了，但競爭的對手也增加很多。

想要賺錢也是因為看到家人曾經負債過，當時是因為一種責任壓力，大學的時候不得已打工，當初覺得負債很不好。現在雖然沒有負債，婆家的公司生意目前也還算不錯，但你怎麼確定以後公司是不是一直可以開的很好，萬一以後的訂單沒有了，那會不會是一個問題？或是萬一工廠營運資金的槓桿出狀況，是不是也是一個問題？

我覺得一般產業最大的變數就是在於訂單的問題，你現在有競爭力並不代表以後就會有競爭力！

　　所以加入房地產的投資團隊，並且嘗試帶團隊，除了投資會有被動收入的來源之外，一方面也是能讓自己多學習。也許某天，萬一婆家那邊的事業以後有了狀況，我還有房地產團隊經營和投資的收入，我這邊還可以負擔家庭經濟。真的超慶幸當初毅然決然地參加房地產團隊，如今我在這邊也有自己的一片小小天空；也感謝當初的我給自己一個機會，不然現在的我可能會對人生感到無限沮喪！因為，此時此刻的我，正面臨人生重大的轉折。

$ 高學歷不等於高收入，市場競爭憑實力

　　其實在資訊發達的市場激烈競爭之中，不管做什麼生意，都必須要憑實力，這讓我意識到所謂的「高學歷並不等於高收入」。我因為在網路開店，對於網路行銷資訊的接觸比較會有敏感度，也因此有機緣碰到這個課程加入團隊，我一開始加入團隊，是因為看到網路的介紹然後就參加了說明會，剛加入時每堂課我都必到，因為我覺得去那

裡可以認識朋友，我算是很認真投入的學生，每堂課上完我都會到後面跟組長、課務人員和老師打招呼。

有一次他們在徵小助理的時候，就問我要不要試試，會找我是因為很多成員都只是來純粹上課罷了，他們好像覺得只要來上完課就「了事」了，心態彷彿只要課上過就應該會了、就可以賺錢了，可是我覺得並沒有這麼容易，許多事情真的要去問、去做才會懂，如果上課只是為了求安心的，那就只是來浪費時間而已，而我並不想浪費時間，有什麼不懂我就會問，所以他們看我很認真，就問我要不要試試看。

$ *受益良多，「學」與「教」的角色豐富定位*

我在團隊裡擔任的是副組長，在團隊的組織裡我擅長的是辦活動、拉近團員彼此間的關係，但是對於物件這塊我又比較有感覺，雖然團隊中的分工做得很多元，但是對

我來說我很難定位出自己是屬於那一個角色。

　　我想把我自己設定為教育訓練的角色，因為本身就很喜歡學習，我到外面上課，然後回來我就很樂於分享我所學到的東西，像我進來團隊之後，為了了解房仲，好跟房仲打交道，我就去上房仲營業員訓練班，並考取營業員證照。聽一些他們房仲入行必須學習的內容，回來後我再把它轉成我們需要的內容，像現在「房地合一稅」它是怎麼去計算、去報稅，我也去學回來之後教大家。

　　我們跟其他市場的課程區別，是我們的團隊有實戰，因為比較過去上房仲營業員的課，它就是教我們法規、觀念，但沒讓我們實際操作，而我們團隊講裝潢、裝修的課，就會真的帶我們去現場投資物件看，講法拍就真的帶我們去法院看，有別於其他市場或職業的課程，我們就是真的帶實戰。

　　實戰的教育訓練還有像是教大家怎麼看謄本，講謄本的時候因為有「他項權利」設定的部分，那麼課程就會跟「估價」互相配合來教，那講師就要估價出來給我看，估價出來後我們就會實際去那個地址，先看外觀、附近的環境之類的，這就是實戰。

3-2 「人」的教育和選才

$ *沒有不勞而獲，努力付出相對代價*

　　因為之前做網路行銷的關係，所以我在比較「價值」、「CP 值」的時候會比較敏感。雖然當初會覺得好幾萬的入會費很貴，但現在回想起來感覺很便宜，因為參加了這個團隊讓我少走了很多冤枉路，光自己學到的知識跟常識就讓我省下了不少的錢，例如裝修費，在沒有進來以前，我聽外面的人說一個房子要裝修隨隨便便就要花不少錢，許多裝修的項目行情動輒幾萬、幾十萬……零零總總加起來都要上百萬的預算，但是進來團隊我跟著資深的前輩做才知道，這房地產的投資即使不去計較市價上的差異，光在裝修的成本利潤上就相差非常多了。

　　剛加入時因為資金很少，投入的金額沒有很多，有時候物件也會因為限制參與而沒辦法參與，像現在台南團隊已有超過五六百人，因此競爭很激烈，但這是很公平的競爭，越努力往前衝的人越會找到許多物件，至今我加入團隊跟夥伴們一起合資，經過買進賣出已經完成獲利的案件就有五件，手上新進的還有五、六件，可是我看到有些人的心態會認為，只要加入這個團隊什麼都不用學就可以賺錢，我就想：「哪有可能啊！」

　　沒有付出就不會有收穫，就像學英文，一個月繳三萬，有人學一個月就會了，但有人繳了三十萬怎麼學也還是都不會，人還是要靠自己努力學習的。

　　對於很多普遍的消費者來說，擁有一間屬於他們自己的房子是他們的夢想，在沒加入團隊之前我自己也都沒接觸過房地產，我是進來後才變成有產階級的，一般學員會想說「我加入團隊的目的是為了要買自己的房子」，所以

他們加入團隊最大的好處，是他們會懂得怎麼去估算價格才不會買貴，在裝修這個部分你知道怎麼去比價你就不會亂聽信別人說什麼你就做什麼，因為經過實戰的觀摩與學習之後，你都了解啊！

$ *教育學習並不是付了錢就會*

在帶人的過程因為可以看到不同的人，可以看看其他人的想法是什麼？我們一開始在招生的時候，我們就說我們是教你技巧、教你釣魚的方法，不是直接拿魚給你吃，有一些人本身就有明確學習目標的動力，會很積極主動，這些我們比較不用擔心。

但面對這麼多的人，不免還是有些令人頭痛的事：

1. 負面消極的心態：

我們發現有一些人進來房地產的團隊，會抱著一種心

態：「反正進來了，你就是要報案件給我！」抱著這種心態的學員他們通常就是不做，就只想等著純粹投資，當團隊成員愈來愈多，其中還是會有蠻多人是這樣子的心態，想要直接拿魚吃！

2. 時間常態的惰性：

當然，在學習這件事情，彷彿時間因素久了也會產生惰性出來，像是投資實做的部分也是，有些人會在參與加入投資的前幾週，剛開始大家都會很努力很積極地表現，討論也都很熱絡，可是到房子裝修走到一半時，有些人就不見了，你要讓他們出來，他們可能就會有理由說「今天有事！」感覺他們開始在推拖了，不太願意出來排班做監工的工作，這也是一種惰性。

因為我們學習是要從房地產中得到最大的利潤，所以當然要以親力親為，分工去執行裝修的每一塊部分，如果

一開始股東討論裝修是以「統包」的方式，過一手給別人賺，讓案子利潤薄一點，大家願意承擔多一點風險，那麼自然是沒有問題的，可是既然大家想要掌握成本、學會所有工程的細節，討論要輪流排班出來監工，控制裝修的成本來創造共同的利潤，大家可以分得多，就應該要徹底分工。

$ *互動學習與團隊合作*

因為是「團隊」，團隊因為是由各式各樣的人組合在一起，諸如以上這些問題難免都會有，我們組長或幹部就要幫忙協調，用我們的經驗去建議並且協助他們。

然而團隊大大小小的事，只要是碰到「人」的問題，其實真的很難！所以團隊要做得久的話，慢慢的我們就會一直去篩選，真正有活動參與較多的學員，了解哪些人真正有心、可以合作；哪些人可以真正互相幫忙......

　　我們也會搭配物件，讓不同案件在參與合作之中，有一部分人是有經驗的，搭配一部分新人去帶，或者是以物件難易度去區分，比較簡單的公寓就盡可能地讓新人做，透天的案子可能工程比較複雜一點就會讓比較有經驗的人去投。

　　有一些時間合作的因素，會是因為大家都是上班族，時間上的同質性高，那麼之後有案件的投資我們就會開始去找一半一半的比例，讓合作的團隊成員之中，有些人是上班族、有些人是業務，分配時間可以比較自由彈性，就真的可以分工。要是真的有些上班族的學員平日真的不能參與監工，那我們會協調把案件最終的利潤撥 3％ 給那些實際有參與監工的人，這也會是一種比較合理的互補方式。

　　其實團隊參與的時間久了，反正只要有過合資參股的經驗，做過一場就知道了，你跟某個人合不合，以後就會找合得來的固定夥伴一起合作。

$  *DAVIS 咖啡館聚會*

　　加入團隊的成員其實各行各業都有，所以每一個人的時間分配會有不同，我們在帶小組的時侯，也會根據他們時間性，比較沒辦法來課堂參與的，我們會帶他們參加「DAVIS 咖啡館聚會」或其他課堂外的小組聚會，把一些課程菁華透過小組聚會跟他們講，讓他們快速的融入狀況。

　　為了讓所有的學員在正課之外可以和老師互動，現在慶仔老師開始會每個月每個月跟我們去咖啡館聚會，可以讓會員跟慶仔老師更貼近，這算是課程之外的一個學員互動，我覺得非常好，因為有一些學員在課堂中未必敢問問題，或者是新學員一開始本來就不懂，所以也不知道問題，當他們學習一段時間之後，實際碰到一些問題的經驗之後，他們就會很想跟老師碰面，跟老師近距離的聊天請教問題，像這種經驗分享交流的互動，舉辦在咖啡館就比較

輕鬆一點，要是安排在課堂教室上課就會比較制式化，比較沒有辦法。

同時這就也變成算是小組的活動，不單純只是課程而已，慶仔老師也等於是透過這樣的方式協助我們各個組長去關心到底下的組員，讓大家更有凝聚力。

我們每個禮拜幾乎都會安排小組聚會，由組長和副組長輪流負責當週的內容主題，像是比較輕鬆一點的小組課程分享，有時侯是估價課，有時侯是討論物件，有時侯是帶大家實際去看裝修案場，案件標的裝修 BEFORE/AFTER 的狀況觀摩大家都可以實際看到，跟上課解說案例的技術性學程可以直接獲得印證。

3-3 挑對「標的」策略的實作

　　很多學員進來之後，他們想學房地產投資的目的也是想要買自己的房子，當看到團隊經手物件裝修的品質，自己看過自己很放心，團隊群組之中的合資案件，有些學員就想說：「我能不能自己買？」

$ *決策目的性明確，切忌「動機」含混不明*

　　以前在慶仔老師的堅持之下，這種情況是不被允許的，因為這牽扯到合資股東的權益，因為大家就是秉持要有獲利的空間，賣自己人的話一定是便宜賣嘛！

　　而另一方面他也不想讓外界發生有「口舌是非」的傳

言，說他帶領團隊招收學員教授投資房地產，然後私下卻賣房子給學生，把貨倒給學生，怕讓外界誤解而壞了團隊的名聲。

可是事實上我們所有投資操作的案件，都不是慶仔老師的，老師真的只是負責教，每一個案件都是學員們合夥經營，成本和利潤都是學員大家一起分攤的。現在真的因為團隊成員多了，為了讓新進學員可以參與實戰獲利，甚至區長、組長都把手上看到的案件機會分出來給大家，哪裡會有老師倒貨給學生的可能？

因此投資房地產的目的為的是獲利，標的決策的動機就要明確，是要以出售為商業目的的獲利，獲利是要分給所有參與者的，確定屬於參與股東的權益是不能夠忽視的，大家有了這個原則，並且尊重這個原則，如何共同決策標的、處分標的也就好說了。

由於整體團隊承做的案件也比以前還要多，現在真的是有開放學員自己買，畢竟要滿足所有學員入會的權益，有些人想投資、有些人想買房自住，各有其目的，沒有誰是誰非，況且買自己團隊裝修好的房子，從拆裝傾廢、水電佈線、點工點料、監工施作、油漆粉刷......所有都是團隊夥伴與自己親手打造好的房子，自己要住、要買，豈不是更安心嗎？只不過，買賣價格還是要跟參與該案的那一群股東自行討論好就好了。

$ *團隊操作標的之品質信心，內部搶手*

所以當有一個物件裝潢好之後，這一群股東裡面會有成員覺得很滿意，自己想住，那麼就是事先先講清楚，可以自行協調其他的股東獲利少賺一點點，或許他可以取得比較便宜的價格，雖然其他學員少賺一點，但他們賺到了經驗，也等於是快速脫手，脫手之後他們又可以把本金拿回來、獲利拿回來再去做下一個物件，這樣也是不錯啦！

　　像在房仲業因為從事的是交易，所以他們有一個不成文的業務習慣，特別著重「買氣」，也就是有進、有出，業務量就有「轉動」的意味！而團隊承做的案件，如果是股東自己相中，集合大家一起承做、自己承買，也算是有「買氣」，也是一種「轉動」的意思，只要買氣在就愈能帶動順利運轉，又可以另外再做下一個物件。所以只要大家有共識，股東之間意見合意能夠接受就好了。

　　其實在我們一般加入團隊之後，到真正實際參與案件的投資，也不是一觸可及，馬上就有的，對於完全沒有接觸過房市的人來說，從沒有買賣過房地產的經驗，本身又要上班或有自己的工作要做，你不可能每天上課學習或每天看屋見習，那麼要能累積基礎課程的學習到一定的程度，勢必得要花上一段時間，早期入會的成員或許比較幸運快一些，但也是要等上一段時間才開始有機會實際參與案件投資的。

　　而近年因為房市景氣比較趨緩，市場上並不是每一個案件都適合進場，好的物件是需要時間和機會，也要經過審慎評估，等待適合出手的時機，也由於近一年來團隊入會成員的人數大增，成長快速，因此團隊的學員累積實際參與到物件的人數，真正占總會員數的比例其實並不多，啟動實戰的平均期程也拉長了。

　　為了可以讓新進的學員不用等到那麼久，我們組長自己找到物件的部份都會釋出，因為我們本身已經參與過許多物件，但很多會員他們是沒有機會的，所以我們會主動觀察每一個會員，會跟他們說有什麼樣的物件，問他們要不要投入？盡可能讓學員可能有機會參與實戰操作的經驗。

「實戰」與「實例」

1. 產權複雜的停車場

　　在估價上比較特殊的實例案件就屬停車場了，許多大樓社區的停車場，投資判斷最困難的地方就在它的產權，地下室的停車場它到底可不可以單獨買賣，可不可以把停車位分割成一格一格拿去賣，它的產權性質也可能是「有使用權、但沒有獨立的權狀」。

　　如果是這種情況，我們就要去想辦法讓它變成有獨立的權狀，才可以一格一格拿去賣，像我們接觸到有一個物件是民國 79 年以前建築完成的，那時候的建物產權登記還沒停車位的區分，我們就要想辦法讓它可以分割登記，不同時期興建完成的建物就停車場的產權有不同方式的登記，看是有「獨立產權」、或是「持分」、還是「公設裡的持分」，我們都要理解判斷時間規定，一般容易處理

可以單獨買賣的是有獨立「建號」的產權車位，可是如果買來它是一整筆的地下室空間，或許以前不是停車場，而是早期規劃成商場、地下室，那麼現在要想把他做成停車場變賣，建物建號的登記和土地產權持分要怎麼做就有它的複雜度。

2. 法拍不點交的神壇

　　雖然我們團隊在台南，但物件台南和高雄也都有，有一個比較有話題性的案件就是「神壇」，我們法拍拍到了一間房子裡面原本是神壇，裡面有十四尊佛像，有很多人不敢接這個物件，想說有神明或鬼神之類的這種顧忌，但我們拍得了這個物件然後請裡面的人搬遷，過程卻還算蠻和平的。

　　去談搬遷的是另外一個比較老經驗的組長，他就是去跟房子裡面的人說：「這間房子我們已經買到了，你什麼

時候要搬？」裡面的人原本說要住到中秋節過後，他就跟對方說：「不然你搬遷費看看要怎麼樣算？」對方原本還說他們住到中秋節後這個房子就會是我們的了，然後他就跟對方說：「你太誇張了，這間已經是我的房子了。」一直僵持不下的結果，最後就問他說：「不然你到底想要怎樣！」

我們取得法拍屋的權利，基本上這間「神壇」的人都只是占用人而已，他就是跟房子裡的人這樣說，沒想到最後他們談成的搬遷費才兩萬塊而已。他只是回了這麼一句：「不然你到底想要怎樣！」對方聽了感覺我們也並不好惹，靠著軟硬兼施之下，我們立場站穩堅持，他們的人就說：「好啦！不然就兩萬塊成交。」

這一切都還蠻幸運的，原本要到中秋節之後還不知能不能順利到手的物件，就這樣把人請走順利點交進來了，很快就進行裝修接著交給房仲去賣了。

　　不論是什麼樣的房子，基本上就是產權權利的處分問題，很多複雜的物件一般人不敢去碰，就是因為產權權利義務的難題卡關，一旦問題解不開，就算取得之後便宜轉賣，別人也不會想要，因此產權權利不明的物件它是沒有價值的，而沒有價值的物件，如果我們能夠去解決掉其中的難題，它的價值就活起來了。所以不管是地下室的停車位或是法拍屋，過程都是在做「釐清產權」的事，只要我們能夠確立投資標的的產權及其權利義務的獨立性，那麼甚至連既有存在事實的「違建」，稟持權利義務的原則去處理，也都不會有什麼問題的。

第四篇

計畫／科學精算

黃良安

科技人，利用下班與假日的時間參與團隊，同樣可以領導專職專業的一群財商夥伴，就市場投資數據的分析，能以效率管理，成功斜槓出不凡的房產事業。

　　前面兩篇的翁大哥已經是退休人士，凱芝是個全職的家庭主婦，就房地產投資來說，大家會覺得因為他們日常沒有被固定的工作時間綁住，所以可以有充分的彈性時間參與團隊也是正常的。可是如果單純是固定朝九晚五的一般上班族，是否就沒有條件和機會可以參與投入這個團隊了呢？

　　那麼我就要跟大家分享我自己的故事！現職的我就是固定在南科的上市公司上班的工程師，時間對我來說就是一個很固定規律的格子，如果用一張班表或是一張課表將一週所有的時間，以每一小時為單位把它劃分出來，有哪一些空格已經上色塗滿，早都確定下來了，真正屬於自己我所能夠利用的時間，顯然是非常有限的，但是我卻仍然可以利用工作之餘的假日時間參與現在的房地產團隊，不只實際參與合作案件的投資，並且還擔任組長，指導小組成員課程、帶活動以及團隊的許多事務。到底是怎麼辦到的呢？關鍵就是靠團隊，後面的章節會再說明。

　　事實上我正職上班的工作算是科技業，雖然承受的壓力不小，但這也是我相當熱愛的工作，我也喜歡學習新事物並接受挑戰，於是我選擇利用閒暇時間探索不同領域的學習，在房產團隊這裡學習到的就想辦法儘量去做！而且我也有家庭跟小孩要照顧，在三面夾擊的狀況之下，我的日子還是過得很開心，都能安排及兼顧的很好。到底是怎麼辦到的呢？關鍵還是靠團隊及妥善利用時間！

　　有句話說得很好：「巧妙地利用片段的時間，也能編織出一件美麗的綵衣」。所以真的沒有所謂的什麼沒有時間，這都是自己想出來的難題。「難題是什麼？」難題都是自己的恐懼想像出來的，你去迎接它、你去面對它，它就不難了。因此，誰說上班族就不可能擁有其他成功的發展和天空呢？

4-1 上班族增添房地產財商雙翼 科技新貴帶團隊

　　我的小組成員來自各行各業都有，有固定朝九晚五的上班族、也有輪班「做二休二」的技術員、還有排班制的服務業......就是因為這樣，團隊有各式各樣的人組合起來才好做事，如果大家時間都是一模一樣，那麼大家白天都不方便。所以各行各業都找一些人進來的話，平常日有空的人可以幫忙平常日才能做的事，如監工、買材料、跑政府機關和法院之類的，像是保險業他們早會開完就有很多的時間可以去拜訪客戶，順便幫忙看房子，裝修監工之類的，而我自己因為平日沒有時間，反而假日就是會幫忙帶活動，帶組員出來聚會或是看屋，組員之間彼此大家認識相處多熟悉，大家才會合作得比較愉快。

　　這樣子的團隊還蠻適合各行各業的人才加入的，甚至一些退休人士、企業家或因故沒辦法工作的人，其實都可以在團隊裡找到適合自己出力、學習及賺錢的地方。比如說我有一位組員，她本來是有在工作的上班族，但因為一場嚴重的車禍意外造成她永久無法工作，罹患了壓力創傷症候群，這段期間長達七年，後來某個機緣她來聽了慶仔老師的講座，慶仔老師的熱忱感動了她，當下第一時間就加入團隊了，上課跟聚會都很認真學習，於是在團隊裡也交到很多朋友，也常到案場監工，就這樣漸漸地找回生活重心，心情因此慢慢的好起來，也順便有了投資收入。

　　所以團隊的力量真的幫助了很多人，想想看如果一般人要投資房地產，平常跟我一樣要上班，或是沒時間或是沒資金或是沒經驗的，假如真的想要自己買一棟房子，自己整理、自己裝潢、自己賣出去的話，沒有很多人可以幫忙的話根本就很難辦到，甚至風險很高！還好有團隊，所以這些都不用太擔心。

 科技腦需要填補財商智慧與勇氣

　　加入這個團隊之前我已經是在南科科技業公司上班，以前讀成功大學也是跟科技業有關，從碩士畢業當完兵後去美國留學半年回來後，我就一直待在現在目前的科技公司上班。

　　從我在成功大學，念到碩士，又去美國留學，所有的學歷都跟「財商」領域沒有相關，加入團隊之後我才發現房地產所有相關接觸的領域完全和我以前所學的知識差別很大，在我們科技業要說有和「財商」相關連結的投資，最簡單的就是股票，公司也都會發股票。科技人習慣使用邏輯性的科技腦，我們科技業真的只對分析的數據、電信的數據有感覺，可是對真的「錢」的這種數字卻很害怕。因此我們面對財富領域的問題也不是沒有憂心與恐懼的，雖然科技業的薪水不比以前好，但比起其他行業一般的薪水還算過得去，可是在平穩安逸之中，更令我害怕的感覺

是我真的能夠靠一份工作就這樣過一輩子嗎？並滿足一輩子所有的生活所需嗎？古人有云：「生於安樂，死於憂患。而生於憂患，才能死於安樂。」難不成真的要一輩子當打工仔，幫別人的事業打拼，將自己的生計完全寄託在別人手上嗎？這就是我的憂患意識，所以我才不斷地學習，試著挑戰當個斜槓青年。

　　因為我們的財商觀念並沒有很健全，不太懂得利用槓桿或者是用錢去賺錢，就是傻傻的領薪水，每個月就是等月底，生活看似與一般的上班族沒兩樣，不過與社會層面的接觸比較欠缺、比較單調，無形中對於許多社會事物，也會漸漸失去勇氣！多半的人都認為科技業是很好的工作，沒進來的人都很羨慕能待在裡面的人，但只有在裡面的人才知道其實科技業不如人們想像的，碰到買房子的時候會害怕，不清楚要怎麼買房子、看房子，頭期款要付多少錢？或是什麼樣的價格是合理的？這些我當初都不知道。

　　我想要幫我自己人生買第一間的房子，可是不知道要怎麼看，在剛開始看房子的時候，就覺得房子很貴，透天在舊台南縣也是要一千多萬，我在科技業上班十年了，但一千多萬的房子我還是買不起，不知道怎麼買，當時去看房子就是望著房子心嘆，想說為什麼我在科技業努力了十年，可是我卻連一個房子都買不起？所以才去聽了房地產的講座，想要進而學習。

$ 人生第一間房子是「學以致用」獲得來的

　　我當初會加入團隊的初衷就是想要買自己的房子，也想知道怎麼樣可以買便宜一點，因為真心覺得房價高的離譜，剛好就是看到慶仔老師跟首席的房地產講座廣告，就報名去聽聽看，聽了這個免費的講座之後才發現真的是收穫很多，也就加入進來了，想要再進一步的實際學習。

　　現在自己住的房子是在去年年底買的，就是我在加入團隊後才買了自己人生中的第一間房子，回頭再看以前，發現自己並不是沒有錢，但是以前會覺得要買一間像樣的房子，錢是不夠的，去跟仲介看房子也不知道要怎麼出招，就會有很多不確定性的因素，也不知道自己是買不起？還是不敢買？

　　加入團隊後才知道房地產跟財商方面的一些知識，才比較放心知道要怎麼跟別人談一個比較合理的價錢，我們學員一開始進入團隊的時候，很多功課是要自己找房子、去跟仲介做朋友，從頭到尾都要會，比如說看房子談價錢，到買房子之後裝修，我就是用老師教的方法，還有跟學長姐請教以及請他們幫忙，才買到自己的第一間房的，而且真的比隔壁便宜幾十萬！

　　裝修這邊也是有學到很多，像我剛結婚的時候，我們舊家廁所就有請水電師傅來翻新，一間就收了十五萬，現

在在團隊學會了,發現其實一間三萬到五萬就可以搞定。真的是「隔行如隔山」,有些行情我們不是在某個領域中,我們就不曉得其中的價格行情,房地產它不像網路購物一樣價錢可以那麼透明,網路可以把同樣商品的所有價錢都列出來,就找最便宜的賣家,可是房地產是獨一無二,每一間都長得不一樣、屋主也都不一樣,價錢很難可以客觀的斷定它值多少錢。

$ 估價與稅費,都用科學邏輯概念方法

我從原先不懂房價、不敢跟房仲出價和議價,到現在我反而是在團隊裡面專門教大家房地產估價的。

對於估價我會教學員用最科學、最簡單的邏輯,我們找到適合的投資標的之後,會從「法拍」、「實價登錄」的價格資訊去參考,從市場價格去客觀地判斷合理市場行情的區間,在合理的價差之間若多少錢可以買到?又多少

錢可以賣掉？再扣掉一些必要成本，在這個當中把可能賺到的利潤去預估投資報酬率。投資房地產基本上要這樣預估投資報酬率，而消費者一般在買房其實也是需要這樣比價或估價，因為價格貴跟便宜是相對的，假如你在同一個區域買到的房子比所有的「實價」或者是「法拍價」還要便宜的話，那就是真的很便宜，賣的時候我們會以市價的八折、九折行情來定價，這樣賣得比人家便宜就會很快的賣出去了，我們的市場策略也是鎖定要買的便宜、賣得便宜又快，這樣大家都開心。

　　現在一般的大眾對於「房地合一稅」的恐懼迷思，就是買進來後賣掉的利潤，就要給政府扣掉 45%，因此阻卻了一般投資者對於投資房地產的興趣，其實就算沒有「奢侈稅」或是「房地合一稅」，買賣房屋一直也還是都有「契稅」、「土地增值稅」、「綜合所得稅」......等等各種的稅捐；不僅如此，也還有「仲介服務費」、「代書費」......等等其他費用的問題啊！其實只要有獲利當然就要繳稅，並不是以前就不用，而「獲利」多少一定也是要依「成本」

多少的眉角來計算，現在的「房地合一稅」，就房地產的投資來說，也只是其中的一項「成本」而已，這個可能是一般民眾不了解的。

4-2 團隊合作有助議價
也能平抑市場房價

　　有很多學員加入團隊的初衷，只是想要買一間屬於自己的家，靠團隊的力量可以互相幫助，當有人想要買房子看上了一間喜歡的，組長就會叫他本人先不要去看，先找其他的學員去看，然後出比較低的價錢，其他人先去幫他砍一個低一點的價錢，把屋主的信心和原本的期望值壓下來，或許原屋主本來也就沒想賺這麼多，只是因為市場行為跟著其他人一起漫天喊價而已，喊久了自然而然地屋主本身的期望值也高，你正常去出價他還可能捨不得賣，但是如果先經由其他人去跟他砍價之後，後續你再真正出一個合理的價格，他可能就願意賣了。

團隊不只是分工合作，也可以角色扮演協助議價

以前在還沒有加入團隊的時候，我去看房子也可能會找朋友或是同學請他們一起幫我去看，可是他們的意願都不高。進到團隊之後因為團隊裡的每一個人對於看房子都是有興趣的，所以當要找團隊裡的夥伴扮演親朋好友或叔叔、阿姨的角色並不難，這也就是團隊合作的力量，因為團隊有「人」及一起在課堂上學習，所以比較有共識知道彼此要的是什麼，合作起來就會比較有默契，今天你幫助我，改天你有你的需要我也會義不容辭的幫忙，或者是以後有碰到好的投資機會也可以相互變成一個合作的夥伴，這是一種正向的循環。

所以團隊夥伴互助合作就有這個好處，像我要買自己的房子也是用這一招，如果只是我自己一個人去看的話，屋主看我很喜歡這個房子，想要壓低價錢就不可能了，但是你如果在團隊裡先找一個很會殺價，跟不太會殺價的人

去看，但是出的價格都出不高，順便探探對方的底價，等我真正去看的時候再出一個比較合理的價錢，這樣我就不會買到貴的房子了。

許多議價的方法，原先沒有加入團隊之前其實自己都不知道，也是跟學長姐學的，還有另外一種方式就是自己去看了房子，覺得這個房子不錯也跟屋主談得很愉快，等最後差不多可以出價時再說：「我看了房子很喜歡，但是還是要回去帶媽媽來再看一次！」屋主覺得請長輩來看過也是應該的，於是我帶我媽媽再去看的時候，事先就會跟媽媽講說：「到場一定要再幫我砍個 20 萬。」後來屋主看到長輩來了，我就說因為自備款是長輩要付的，所以如果長輩不滿意的話這間房子也就買不成了，屋主要賣自然得再同意便宜一點賣囉！

就用這麼一招，多少還是可以殺一點價錢下來，或許五萬、十萬，媽媽跑這一趟頂多就一個上午或下午的半天

時間而已，但是就省了五萬、十萬，這可能比我們辛苦工作上一個月的班還要好賺。所以買房子一定要問過媽媽的人，不是媽寶，而是最強的殺價技巧！

$ 好品質的平價物件換得好評價，團隊才能永續經營

我們買便宜的中古房子來整理，實際上是幫助那些沒有什麼時間可以仔細去挑房子，也沒有時間、沒有能力更沒有錢自己去翻修屋況的一般購屋者，其實經過我們翻修好的房子，品質都不錯，直接買我們房子的人就可以直接入住也能將裝修的費用含在房價裡來貸款，等於節省下很多的時間、功夫和自備款在整理新房，而且防水跟電線管路我們一定都會重做，讓下一位買主可以住的比較久及安心，不能因為省成本就隨便做一做，到時候問題一大堆。這是安全性的問題，絕不能不注意。

　　因為我們長期會不斷持續買進、賣出房子，不可能上千人的團隊賣掉一間賺了錢就跑，所以售後的服務也是要注意。其實修裝既然同樣一個工，品質做好做壞成本沒有差多少錢，只是差在你一開始要不要在細節上去多用一點心，品質做實在，其實都可以算在成本上，而成本也可以抵稅（房地合一稅）。如果品質做不好，後續有人抱怨的話你也還是要處理，所以既然團隊還要一直不斷的做，口碑就要做出來，把這種投資做成一個事業就對了，雖然我們不是建商，但是其實這樣子的團隊就是一個很特別的房地產事業，它是有永續性的，不像有些建商可能做一案就倒了找不到人，但是團隊很特別的就是雖然不是建設公司，但是在經營投資的永續發展原則下，我們要顧慮到一直還會有下一間、下一間......所以在品質上的顧慮我們一開始就會去想好。

　　也有人戲稱我們這種房地產投資的經營模式，其實就像是在幫助政府做「都更」，因為我們是把老屋或者是空屋「活化」，讓一般民眾可以用比較便宜的價錢來買到它、

使用它，我們主打的市場是一般小家庭或是單身上班族，所以並不主張把它整理成日租式套房或者是集合式的套房去賣給別人當現成的包租公、包租婆，畢竟這是一塊比較特殊的小眾市場，並不是一般普遍性家庭都需要的，房地產比較大眾化的市場還是屬於一般小家庭，如：新婚族或是一對夫妻加個小孩子這樣子的客層，這一類的市場是比較大。

$ *精算房價不買貴，創造平價的市場行情平抑房價*

決策每一個案件的投資，我們都會先算好「投資報酬率」才做，我們不是看到一間 "感覺" 可以就去做，我們都是計算好之後，看買多少、賣多少，把所有成本算進去，看「投報率」可以有多少？有一定的趴數、一定的投資價值，我們才會進一步的去做！

　　篩選投資標的，我們會先計算裝修好的可售價格，一定要符合我們的便宜賣價，如果那邊的市場沒有辦法賣到那麼高，「投報率」沒有辦法達到，那我們就會放棄，因為用我們能夠買到的價錢、可以賣到的價錢去計算「投報率」，實際裝修的成本可能不只這些，所以我們粗略做計算之後，還要實際到現場看，才會知道裝修成本會是多少，如果還沒看房子之前就用初估，看過房子之後可以去重新計算，假設滿足「投資率」的估算一坪是賣 11 萬，行情已經比一般的市價還便宜，這樣我們才會賣得出去！因為我們要比別人賣得更便宜，我們就一定要比別人買得更便宜，所以假使我們買不到原先估好的這個價錢，我們就不會硬買。

　　評估價格與獲利的條件是否值得投資，我們已經累積出一套標準，做為團隊參考的依據……

估價試算【標的A】

地址	府安路五段2x巷xx號 （北安橋大地坪透天）				
土地	29.6	建坪	31	屋齡	37年
其他	-	開 價		516W	

【比較價格】蒐集法拍成交及實價登錄公示資訊，比較市場售價

法拍			
地址	坪數	總價	單價/坪
府安路三段289巷22號	25.6P	286W	11.2W/P
國安街56巷141弄38號	31.3P	348W	11.1W/P
府安路三段289巷18號	26P	223W	8.6W/P
安中路一段189巷63弄12號	25P	406W	16.4W/P
大安街59巷3號	32.2P	316W	9.8W/P

實價				
地址	屋齡	坪數	總價	單價/坪
府安路五段11巷59弄31~60號	32年	35P	410W	11.7W/P
府安路五段21巷1~30號	36年	31.07P	510W	16.4W/P
府安路五段11巷35弄1~30號	34年	35.1P	438W	12.5W/P
府安路五段11巷35弄1~30號	36年	34.5P	325W	9W/P
府安路五段11巷35弄1~30號	37年	29.4P	360W	12.3W/P

市價				
地址	屋齡	坪數	總價	單價/坪
府安大地	38年	29P	714W	24.6W/P
府安路五段11巷	36年	36P	798W	22W/P
府安路五段11巷	26年	47P	836W	17W/P
府安路五段11巷	25年	45P	938W	21W/P

【投報率計算】設定2種狀況的報酬率試算，做為風險判斷依據

狀況1			
買價	9W/P→280W		
仲介	5.6W	裝修	93W
代書/契稅	3W	利息	5W
水電費	1W	Total	107.6W
賣價	15W/P→465W		
仲介	9.2W	稅費	5W
Total	14.2W		
總費用	107.6+14=122W		
投報	465-(280+122) /280*0.3+122= 63/(84+122)=63/206 =**30%**		

狀況2（同區優質標的）			
買價	380W		
仲介	7.6W	裝修	93W
代書/契稅	4W	利息	6W
水電費	1W	Total	111.6W
賣價	650W		
仲介	20W	稅費	7W
Total	27W		
總費用	112+27=139W		
投報	650-(380+112+27)/380*0.3+139=131/(114+139) =131/253=52%		

估價試算【標的B】

地址	家齊女中三房5樓		類型	電寓	
坪數	34坪	建坪	32.2	主建	26.87P
其他	管理600	開 價		388W	

【比較價格】蒐集法拍成交及實價登錄公示資訊，比較市場售價

法拍			
地址	坪數	總價	單價/坪
健康路一段390巷42號4樓/7	15.7P	112W	7.2W/P
和真街46號4樓/7	22P	186W	8.4W/P
西門路二段120號8樓/11	22P	181W	8.3W/P
大同路一段238巷16號4樓/5	28P	211W	7.5W/P
大同路一段70巷17號3樓	23P	181W	8W/P

實價			
地址	坪數	總價	單價/坪
健康路一段390巷31~60號5樓	31P	250W	8.1W/P
健康路一段296巷1~30號6樓/7	31.4P	310W	9.9W/P
健康路一段390巷31~60號4樓/7	31P	330W	10.6W/P
健康路一段410巷1~30號1樓/7	34P	358W	10.4W/P
健康路一段390巷61~90號4樓/7	50P	360W	7.2W/P

市價			
地址	坪數	總價	單價/坪
樹林街二段　5樓	權狀40/主建25P	598W	15W/P
西門路一段703巷6樓	主建30P	588W	-
太子金華路三段3樓	-	668W	16.6W/P

【投報率計算】設定2種狀況的報酬率試算，做為風險判斷依據

狀況1			
買價	8W/P=257W		
仲介	5.2W	裝修	54W
代書/契稅	3W	利息	4W
水電費	1W	Total	67.2W
賣價	12W/P=384W		
仲介	11.5W	稅費	3W
建	4W	Total	18.5W
總費用	67.2+18.5=85.7W		
投報	384-(257+85.7)/257*0.3+85.7 = 41.3/162.8=25.4%		

狀況2			
買價	7W/P→225W		
仲介	4.5W	裝修	54W
代書/契稅	2W	利息	3W
水電費	1W	Total	64.5W
賣價	12W/P→384W		
仲介	11.5W	稅費	3W
建	4W	Total	18.5W
總費用	67+18=85.5W		
投報	384-(225+83.5) /225*0.3+83.5 = 75.5 /151 =50%		

當有學員找到可能投資的標的或是房仲提供給我們物件標的參考時，我們就會列出像這樣的標準內容進行比較試算來評估，以案件標的臨近區域相同或類似的法拍成交價、實價登錄、市場售價行情明列出來，計算可能的未來售價，然後按照標的本身條件需要的成本費用，如：裝潢、仲介費、代書費、稅費、利息......等等，可能會依價格、坪數大小、屋況......等等不同條件而有不同，再預留設定的報酬率，扣除所有相關的成本、費用之後，決定能夠進場的價格是多少？

類似這樣的試算案件，已經累積成為我們的「資料庫」，現在只要市場一有待售物件，不管什麼地點、什麼路段、什麼社區？是透天、大樓或是公寓？......我們都有完整的獲利價格參考依據可以立即做出決策判斷的數據。

有了這套計算的機制，我們就會依照這個方法落實去執行，計算不到應有的條件我們就不考慮了，必須絕對用

可行的價格預算範圍之內去買，超過計算的上限買不到就算了，因為如果勉強去買，做好的案件轉賣沒有利潤，大家共同出錢、出力的結果是做白工，大家沒有賺錢還白費力氣的話，團隊一定會有抱怨和負面的情緒聲音出來，所以即使計算出來的結果必須要用非常低的價格才有可能獲利，讓人覺得不可思議，我們仍然堅信必須依照這個獲利原則去執行。

這令人難以想像：「這樣真的買得到房子嗎？」

很多人都想：「這麼低的價錢怎麼可能買得到？」、「我們出價這麼離譜，屋主怎麼可能會賣？」結果很多人不太相信可以買得到的價錢，我們還真的未必買不到。因為我們就是堅持去試，畢竟「不試怎麼有機會？」試了真的就是會碰到，因為我們經驗非常的多，我們不時都在看房子、買房子，而不像一般人一輩子可能只買一次、兩次的房子，便宜買到超值屋的機率幾乎不可能，但是我們的

機會就是一直會存在！因為我們房子可以買得很便宜，同樣只需合理價賣出就能有獲利，所以基本上我們就是「高房價」的「絕緣體」。

反觀一般市場的房價原本並不貴，但為什麼房價會愈來愈高，事實上房價反應的就是一種市場心態，其實就是因為市場氛圍造成建商和屋主不斷想要賣高，當市場有八成的人達到共識，大家一直在喊房價高，就更害怕以後房價會愈來愈高，於是對未來產生恐懼，就更急著去買了，因此價格也就愈墊愈高了，大多數的人也就是因為買房子的經驗以及需求並不是經常性的，買房子的目的可能就是為了住得舒適、住得長久，甚至想住一輩子，買房子會買貴的心態就是因為「怕買不到」，因此就很容易會追價買高了。

所以團隊投資中古屋不只是有賺到錢的成就感，還有你把原本沒有人要的東西變成大家都搶著要的，把原先不

能用的變成可用的，而且還賣便宜的價錢幫助別人，這就是「創造性價值」，也是雙贏。所以這樣的投資是很有意義的，要不然這些破破爛爛的房子放著沒有人買，凶宅也沒有人敢處理，那這個房子就一直被扔在那個地方，沒有人去使用它的話，也是資源的一種浪費。

可是一般市場業界對於「房地產團隊」或許會用負面的觀點去看待，認為這是非主流的。

這也很像是對「法拍」的誤解，法拍本來就是不正常的物件，正常消費者沒有人要、也沒有人敢去投標，因為一般人不知道這個房子的狀況是不是有積欠水電費、管理費或欠稅等等的、也不知道前屋主是什麼樣子的狀況放棄這個房子，因為資訊不明，你就不敢去碰，於是這個法拍屋就有點像是報廢的車子沒有人要，像垃圾一樣被丟在那裡，可是垃圾丟在那邊也是會造成環境汙染，所以你去法拍下來，把本來沒有人要的廢品，經過程序

處理，屋況整理，變成正常的物件，什麼人都想要，這種價值還原的創造其實是很有建設性的。

我們並不像一般的房地產投資客，買進房子什麼都不做，就是直接墊高售價等著賺差價，我們在做的是真正讓房地產的市場能活化，讓原本沒有人要的，不被利用的資源浪費，把它活化起來也順便賺我們該賺的一點小工錢。團隊做這樣子的事情，賺到錢是一種好處，能夠幫助人也是一件好事，這就是雙贏。

其實對於市場物價和通膨的問題，現在房價那麼高，我們對於平抑房價也有很大的幫助，因為我們賣的房子比市價相對便宜，有賣出去才是真正的行情，我們把 CP 值做出來，賣的又比別人便宜，成交是由市場決定的，這讓很多人可以實際買到更便宜的房子。我們有很多實際的案例，真的可以用 200 萬左右買到透天厝，然後我們裝修整理完成之後，在市場上也賣不貴，讓大家買到很不可思議

的便宜價格，也是幫助到大家。我覺得政府應該頒發一個

打房猛將的獎狀給我們才對！

4-3 父親過去房市不成功的經歷 現今由我跟著團隊贏回來

一個房子對一個人、一個家,就是一個故事!

我剛出生的時候,我爸買我們住的房子好像才 120 萬吧!就已經是透天厝了。

那時只要在鄉下賣一塊田,就可以來都市買一棟房子;

當我在念大學的時候,我們家附近的透天大概也才 300 萬左右;

到了我出社會,一間新透天大概就是 5、6 百萬了;

過了十年之後的現在,一間透天起碼大概都要 1,000 萬左右。

就現在來看台南地區的房價,地點假如在我們家附近就是要 1,000 萬以上了,我現在是住在台南的安南區,安

南區的行政區域很大，我們家比較靠近北區，隔一條河就是北區了，安南區偏僻的地方就比較便宜，透天可能 7、8 百萬就有，但較靠近市區的也是要 1,000 多萬。

$ *當年父親投資房市的時空經歷*

當我小時候我爸爸也曾跟人家合作投資過房地產，但那個年代台灣房地產其實正好到達頂峰的時候，因此我爸爸那時候的房地產投資的結果是賠錢的收場！

原本我們家的家庭狀況還不錯，我爸爸那時候已經自己開工廠，光是工廠的生意有時候一個月一、二十萬收入也是有的，但我爸為了讓我們家的日子可以更好過，也試著去投資房地產，當時正好碰上房市那一波最高點，我爸光是拿我們家的房子跟銀行農會抵押貸款，就借了三百萬去跟人家合蓋房子，可是當時因為高經濟成長的環境同時也是屬於高利率時代，又運氣不好的遇上房市剛好崩盤，

因此房子沒有很順利的蓋好賣出去，工廠的收入又不夠應付每個月的貸款，於是錢就卡住了，周轉不過來。

當時一般人的財商觀念可能不是很好，或許也是因為急了吧？當下的方法只能想到挖東牆補西牆，比如說銀行農會貸款快到了，他為了不能讓它倒，因為怕房子會被拍賣掉，全家就沒的住了，所以他借到沒有地方借的時候，就跟私人民間借貸，也就是所謂的地下錢莊借錢，但那個反而讓洞越補越大，本來經濟狀況還不錯的環境，就因為遇到房市崩盤突然變成家道中落。

一直到我大學時，我爸車禍過世，留下來的負債仍有一千多萬，後來清算我爸的資產也只剩下幾百萬，因為不夠抵那一千多萬的負債，我們只能選擇拋棄繼承，家裡的房子也就真的淪為法拍屋了。

我爸離開雖然沒有留下任何有價的財產給我們，但是他最後留給我們家人唯一的東西，真的也是一棟「房地

產」。好在當時我爸早年曾經有買一張壽險保單，他最後留下的一兩百萬保險金再加上強制險的理賠金，剛好夠我們把當時的住家，去向法院買回來。是父親最後遺留下來的保險理賠金，為我們真正的保留了一個「家」！

$ 投資獲利最先仍要回歸考量計算風險性

回首自己在接觸房地產投資的時間也並沒有多久，和其他大多數的團隊成員比較起來我的資歷算淺，但僅短短一年多的時間，我就接任團隊要職擔任起小組長這個角色，在加入團隊的這一年多裡，總共參與了大概十件投資標的，所有參與合資的案件之中沒有一件是只出力不出錢或只出錢不出力的，每一個案件的投資都需要真的投入資金，因為要有出錢你才會更認真的出力。

團隊在我所經歷這一年多的當中成長變化也很大，以前團隊會以大家居住的地點來區分分組，現在沒那麼特別

分了，因為我們人數太多，分組只是為了好聚會，區域性的分組歸分組，但投資標的還是可以跨領域、跨區，現在分組的意義就是為了將人數平均，方便課程學習，但以做物件投資就沒有特別去分區域了，甚至高雄的標的也都可以投資。

在團隊負責帶領小組，本身雖然現在仍在科技業上班，會有工作上的壓力，但就是要學會如何控制好時間，有些人可以全職帶團隊，我則多半是利用假日的時間到場參與，有團隊成員的共同合作、共同學習，也是彙集大家的資源、能力與智慧一同在做一件事，對成功的把握度就更高了！

現在我又跟我爸一樣踏入房地產的投資，但是因為經歷過他的歷史經驗，讓我更加謹慎小心，投資房地產不能只是為了投資而投資，無知會造成恐懼，也會讓人失去判斷，因此房地產與財商知識的養成，不僅是投資房地產的獲利基礎，也是自我防護的風險屏障，我希望能夠做出成

續讓我父親在天上能夠安心，有他當時為我們全家設好最後的防線，我現今也更體會出風險意識的重要性。

第五篇 效率團隊/事業觀

林愛玲

擁有既有市場的貿易商，以智慧分工領導團隊人才發揮專長，充分授權與管控，善用時間創造自由與財富，凝聚團隊向心與信任的靈魂人物。

　　一般買房子的人，最頭大麻煩的痛點就是裝潢整理，像是一個中古物件，你要買便宜然後進行裝修，有時候你買的價格低，但你花很多費用在裝修上，有一些人他們不懂的話，反而是在裝潢設計這個部分花大錢，勞心勞力了半天，最後總結卻比直接買我們經手弄好的房子還貴，因為房子裝修一般人不可能全部都由自己DIY，所以不管是請設計師、找包工……的花費仍是羊毛出在羊身上，所有工資、材料之中的每一筆細節，層層都要賺一手，一個裝修工程的內容有那麼多的細項，你能知道真正的成本嗎？

　　像我之前自己老家要做水電，我們有請人來估價，整棟透天厝3樓半，他們說這樣所有室內管線重配重拉的報價平均要花28～35萬，但現在加入團隊上課學了才知道，那樣子的水電工程，我們自己點工、點料可能10萬元就搞定了。所以這樣的落差其實蠻大的，以前不知道有這樣的價差，後來我學會之後發現，原來我們家之前華廈三房二廳，只是廁所整理泥做稍微用一用，再

加油漆、木工，這樣居然花到 50 萬，真是嚇死人！現在自己看才知道那時我被人家多賺了三分之二走。

　　因此如果可以用金錢價值來去衡量，不管在購屋、裝修⋯⋯以及團隊的合作分工上，效率都是無形的，如果你看不見它、你忽略它，你所失去的實際機會或損失也可能不知道有多大？

5-1 代母出征房市 殺出財富與時間自由

　　我加入團隊主要的原因是因為我媽媽和爸爸，我爸媽本身的工作屬於月收入的族群，月收入並非指上班族領月薪才是，擺攤也算是，我們家在賣鹽酥雞，他們就是被攤子綁在那邊，如果不開張，就沒有收入。在我幼稚園的年紀，我媽當時是在做預售屋的代銷小姐，所以小時候我就會跟我媽媽去預售屋的工地看，她就把我帶在身邊，耳濡目染之下對於房地產總有點熟悉感。

　　我媽媽曾經透過房地產賺到錢，知道房地產投資真的是獲利可觀，在某天我媽媽看到臉書上有慶仔老師招生說明會的資訊，所以她就叫我去聽。對她來說，因為她知道房地產這塊的獲利其實還蠻有魅力的，年輕的時候她也靠這個部分賺到過錢，因此仍然很掛念房地產這個部分，她

就叫我來學，我加入團隊時的費用還是媽媽贊助，而爸爸也相當鼓勵。

　　我加入團隊的時機點算是幸運的，雖然外界市場大環境不好，但那時卻正好是團隊內部整個要起飛時，我進來團隊後大概兩個月左右我就開始投資物件，開始接觸裝修的學習，那個時候我是分配到水電工程，也是實際去做點工、點料，特別的是水電工程大部分應該都是分給男生會比較順手，因為有太多的專業用語，跟一些技術的問題討論，而我是一個女生，剛開始跟水電師傅溝通的時候，其實他在講什麼我都聽不懂，因為他們講的都是專業術語，而且水電的東西真的是非常非常的雜，我那時就是跟在師傅的旁邊，他需要什麼材料就叫他寫給我，然後我就到水電材料行去詢問，請水電材料行的老闆娘告訴我，因為師傅他在施工的時候根本沒時間理人，所以我就是透過材料行去詢問，問清楚每一個零件材料的作用是幹什麼的，然後就是真的跟在水電師傅旁邊看他怎麼做，雖然未必自己親自動手，但是確實也是有學到東西。

中古屋在翻修，水電工程真的是很重要的一環，如果哪個地方重新施工沒有配管配線用好的話，到時候才發現漏水，後面的處裡都是二次工程很麻煩，我進入團隊學會了很多東西，這些都是我的經驗，不管是投資或是之後自己的家裡要裝修的話，了解越多就可以省下越多。

$ *職涯的選擇，時間的綁架或時間自由*

從前我就讀的是現在的崑山科技大學日文系，但我那時的崑山還屬於五專，畢業後曾去深圳工作一年，那是被父母說服過去的，父母說暑假有兩個月可以去伯伯那邊上班也藉機學習，我就說好，就過去了。

沒想到暑假結束後沒讓我回來，我當時考到二技的國立高雄餐旅學院，第一年我就辦休學，等於註冊完就馬上辦休學，因為那個時代我考進的那所學校的學系還算蠻熱門的，在中國深圳待了一年，我還是很想要回台就讀自己

夢想中的學校，回來入學讀的第一年，知道學校跟日本沖繩建教合作，於是二技讀了一年我又休學去沖繩，在那邊工作一年存到錢回來才把二技讀完，畢業之後我到大阪工作了一年。

2008 年我回到台灣，正好碰上金融海嘯，工作很不好找，好不容易找到一家印刷公司，做外銷部門的工作，但我不喜歡公司的氛圍，老闆很喜歡在我們都準備要打卡下班的時候召集大家開業務會議，往往都是五點才開始開會開到七點多，回到家都八、九點了，當時我很想要快點脫離那樣的工作環境，可是卡在金融海嘯大家都在裁員的時候，不得已只好認命工作了一年多。

後來因緣際會下透過弟弟的人脈介紹了我一份日文翻譯的工作，由於是自己熱愛的日文工作，就一直穩定做到現在。老闆也算是信任我，所以他就請我當台灣這邊的負責人，這間公司算是做日本貿易的採購，在台灣製作零件然後銷到日本，由老闆那邊做專利販售，就這樣一直從

事日文翻譯兼採購,幫他處理出口零件的業務。這份工作
台灣只有我一個人,所以所有的工作都我自己一個人做,
包括樣品的打樣、跟工廠的聯繫,還有出口貨物的整理,
這些都是我自己在處理。我現在還蠻慶幸這份工作可以讓
我學習責任制,時間做最好的安排。日本公司交辦事宜處
理好後,就可以在工作下班之餘學習房地產的知識進而學
習投資。

$ *出乎意外的投資效率*

首席是我們台南地區的區長,在他底下學他都會實際
帶我們去看物件、比估算、看裝修,包括跟仲介要怎麼打
好關係,這些他都會教我們,團隊裡的學程不是呆板的內
容,反而可以學到之前自己沒有涉獵的東西,跟著他們一
起團體行動,邊做邊學,我覺得還蠻有趣的。

實際參與投資物件,我以為要一段時間才有結果,沒
想到加入團隊後兩個月就投資了第一間透天物件,而且裝

修後兩個多月的時間就順利銷售出去，銷售速度竟然出乎我的意料之外。投資房地產竟然可以不到一年內就獲利，我的信心大增，於是更積極地開始陸陸續續參與不同物件的投資，跟著團隊將近一年半的時間下來我參與的投資物件至少有六、七件吧！而且在此時還有幾間物件正在等待斡旋買進當中！

老師說在 100 人中我們要當那 1%不正常的人，買正常人不敢買的物件，裝修好後再賣給正常人。在房地產團隊累積到了實力與知識之後，我跟幾個組長還真的買了正常人不敢買的法拍凶宅。其實凶宅也是有其客群，只是一般人不懂房地產所以不敢投資，所以只要買得夠低，掌握好裝修成本，還是有很好的獲利投報的。

5-2 信用與資本的財商槓桿效益

　　我在資金的操作方式第一次是把我可用的資金全額投入，獲利之後我再開始投資第二件、第三件，經過累積獲利的資金能量出來之後，現在我已能夠把我的資金分散在不同的物件上面，像我們團隊各種投資物件都會涉入，會做透天、會做華廈、會做公寓，我會按照對於哪一個物件自己喜歡的程度去做研判，看它可能銷售速度的快慢，把資金分散在不同物件上，每當賣掉一間獲利到手之後，我就再補一間進來，維持手上最少有四間投資物件，一種春天播種冬天數鈔票的概念。

$ *負責人授信條件的銀行觀點和你不一樣*

　　這本書從房地產切入財商的重點，對我自身是非常有

切身感受的，因為我在貿易公司掛名負責人，後來我在從事房地產參與物件投資時，才知道一般銀行對於負責人身分的授信貸款條件是很嚴格的，假若參與物件的時候用我擔任所有權人或房貸借款「名義人」的話，跟一般上班族就有很大的差別。

像我那時剛擔任公司負責人，公司成立沒多久的時候，我去跟中國信託辦台南夢時代的聯名卡，那時我覺得自己是負責人好像很了不起，所以我就在信用卡申請書上的職稱寫上負責人，當了銀行超過半年的卡友，我就想說可以跟銀行申請信貸，融資出來操做看看，結果中國信託就抓我是負責人的身分，授信條件要看公司營收而不是薪資轉帳，信貸利率給我 12%，我想利率怎麼高到這樣嚇死人，後來我有跟中信爭取利率，但中信說沒辦法，授信規定就是這樣子。

所以那時我就只好照 12% 的利率條件貸款 30 萬出來，好在用那 30 萬來投資房地產，我還是有賺，只是利

息吐給銀行多了一點，也於獲利了結後結清了貸款，這讓我學到一個經驗，就是信用貸款不要用負責人的身分去貸款。

$ *金融財商的智慧經驗傳授*

從慶仔老師的課程內容，再到首席所講的課，層層都已經有做區隔了，比方說首席所講的課程範圍，再分下來我們各組組長還有特別區分誰是負責帶哪一方面課程的，像我是帶金融借貸這部分，因為我比較常去跟銀行做借貸的這個動作，所以這門課是我負責教學，現在我在團隊裡擔任講師，講的就是銀行金融財商概念這方面的，很多會員剛進來都還不太了解，其實手上只要第一筆資金夠，就可以簡單的進入房地產這個門檻，這些我也不是一開始就會的，也是進來團隊之後跟首席學的，就是照他所教給我的方式，我試著去跟銀行做借貸，然後依照他的經驗讓我成功貸到款，然後也開始投資房地產。

　　我就是把我跟銀行借貸的經驗和流程教給學員他們跟著做，就是告訴他們如何運用美化帳戶的這個方式，然後讓學員去跟銀行建立好關係，讓他們慢慢的試著去做借貸，因為現在銀行利率其實都還蠻低的，像一般我們有教學員做好帳戶美化的這個動作，就算只是家庭主婦，也才貸到 3% 多的利率而已。我就是教他們試著去做，因為現在一般的上班族，要他們單靠薪水儲蓄要累積到第一筆資金其實是蠻難的，以存 30 萬跟借 30 萬來講，當然是借 30 萬比較快，然後拿去進行投資。

　　以我自己的操作方式，假設我去信貸 30 萬，那我會先把 10 萬塊放在帳戶裡面，給它自動扣繳本金跟利息的月付金，而我們的投資期大概都是抓一年，所以我們把 10 萬塊錢放在帳戶裡面扣一年也都還夠，其他 20 萬可能就投資一、兩件物件，然後一年賣掉之後，獲利回本又可以重新再跑一次，就是一樣的動作再跑一次。

　　剛進來團隊裡的學員有不少就是連一張信用卡都沒有的「小白」，我就會提醒他們，如果跟銀行完全沒有建立關係的話，以後不管申請房貸或信貸，銀行要借貸給你就會有一些困難度。

　　像我也試過用房屋增貸的方式來做投資，房屋增貸出我會去做「借新還舊」，我借 100 萬出來，還掉 50 萬的貸款，還有 50 萬的現金可以應用，用房貸借款出來的利率才 1.88% 而已，而我投資的物件有 50~60% 的獲利，等於都是自己賺的，然後只要繳點利息給銀行就好。

　　很多人剛開始沒有這樣的觀念，或者說他們並不知道可以這樣做，總是好奇的問我：「組長，妳怎麼會有那麼多資金可以投資房地產？」

　　我知道會員們很多人其實都是想透過房地產投資來增加收入，但是礙於手邊資金不足，所以一直認為投資房

地產是高門檻的學問，但是後來他們聽過我講的課，也知道我實務上是如何操作的，知道之後只要有去執行的人都還蠻開心的，居然可以用銀行的錢幫自己獲利。

$ *學會財商本事，享有時間自由、人脈、錢脈*

其實學校真的不會教我們賺錢的本領，更不會教我們投資的概念及方法。我覺得要靠投資獲利之前，最該投資的就是自己的腦袋。寧可花一些學費學習成功人的致富模式，也不要省下學習的錢，卻反倒在投資路上跌跤，虧損掉更多，不僅喪失了機會成本也浪費時間的成本。

透過知識的學習和投資的操作應用，我希望為我自己爭取到的不只是財富的自由，更是時間的自由，我並不希望自己只是個上班族，像以前我在印刷廠工作的時候，被公司老闆的會議規定把我的時間綁死，又如同我父母現在為了維繫每個月的穩定生意，必須固守著鹽酥雞的攤子被

綁在那邊，然後父母的夢想必須由我來幫他們實現，以前擺脫不掉不喜歡的命運模式是因為不知道有路、找不到方法，但是現在我在這裡真正看到可行的道路和方法，所以我才那麼希望自己能快點財富自由、時間自由，讓自己慢慢累積第一桶金跟第二桶金，然後再做適當的操作。

現在中古屋裝修算是比較基本的，慶仔老師跟首席都說我們現在是在練功，等到自己的實力及資金更飽滿時，還有更多的物件等著我們的參與，目前規劃中的不僅只有停車場規劃，還有透過人脈關係也開始跟建商合作投資土地，未來，商辦及中國房地產投資也都在佈局當中，現在已經不是單打獨鬥的時代了，要跟著團隊才能壯大，人脈串連商機進而建立錢脈，我相信未來跟著慶仔及首席團隊一定可以在房地產累積一定的能量。

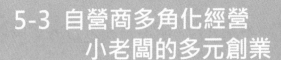

5-3 自營商多角化經營
　　小老闆的多元創業

　　真正要參與投資，要談投資當然就要講求投資的效率，特別是我們大多數人也都是一般的小資族，或許自己的資金還不足以擁有一間屬於自己的房子可以讓自己住，但是有心一同參與房地產的學習和投資，大家集資共同擁有一間以投資為目的的房子，自然要講求投資獲利的績效，這是很實際的。

　　因此我們不可能像一般投資客的心態，買一間房子什麼都不做，就等下一手用更高的價格來買，純粹就只賺這種投機的差價。特別是自從「房地合一稅」實施以來，凍結了市場交易，加上銀行緊縮授信資金條件，想要「買低賣高」等賺差價的方式已不可行，投資買賣操作的難度增加，基本上想要單靠「一買一賣」就能輕鬆等著賺增值的時機已經不在了。

$ 投資房地產入行，就要有新入行的事業觀

　　現在投資房地產如果不是真的用創業的心態，視自己就是一個小老闆，把投資房地產認真當事業去衝，沒有學會真正的本事想要玩，就相當於是「賭徒」心態，反而叫做風險而不叫投資，投資講求的是實戰，所謂的實戰並非只是出錢「買」而已，而是真正親手下去「做」，就是要真正做出新的高價值才會有利潤，現在投資房地產必須投注創造性，真正活化過的資產才會有人願意買單，所以房地產現在賺的是自己的「苦力財」，你要把自己當成像是一個小建商一樣的思維，要做出什麼樣的新產品，思考要賣給別人什麼樣的房子，人家才會願意買？

　　當老闆創業的目的都是為了要賺錢的，投資房地產也不是為了來賠錢的，所以每一個學員參與案件投資，雖然每一個人都有不同的各自本業，或許是其他領域公司或開店的小老闆，也可能還只是一個上班族，但是參與投資團

隊，就要認知投資一個案子自己的角色也等同是一個自營商，一起分工在這個產業裡把自己的事業做好、做賺錢！這才算是具有入行投資房地產的事業觀。

投資房地產，和我們一般認知的職業領域是不一樣的，不可能套用你既有的工作經驗所帶給你的印象去投入這件事，要有「跨一個領域創業」的心境來面對這個新的團隊事業，才有可能會有好的成效。

所以像是這本書的其他主角，不論是退休的翁大哥、家庭主婦-凱芝、科技工程師-良安、業務出身的譽綜兄，大家都是從各個不同產業跨足到這裡一起重新學習、一起合作，這個領域並不是一個職場，沒有老闆會給你薪水，所以就是要把團隊當事業，不論是把這個新的事業當成專職或是兼職來做，只要用心把它當成一個事業來經營，在這個領域裡自己就是自己的老闆！

$ 團隊經營的分組與合作效率發揮

1. 團隊的學習與傳承

　　跟外面相較起來，投資房地產可能都要單打獨鬥，同時得要先歷經過冒險，身經百戰之後才可能玩得起，不論在資本或是經驗上來說，投資房地產要能穩求勝算的門檻是非常高的。但在這裡我們真的可以學習到真正的能力，還可以彼此互助合作，因為我們每一個物件都會有專屬的群組，由所有團隊的股東大家共同在裡面研究討論，從進件原始屋況的拍照，到施工我們都會有照片，這些資訊我們會分享給學習的群組，然後再帶他們到現場看，他們就會更清楚一個案件經營從初期到結尾所有的過程，每一個階段都在做些什麼事。

　　因此即使當目前團隊成員眾多、組織龐大的時侯，很多組員跟不到實際案件的投資，就會很難接觸，但透過群

組分享案件操作的階段都在做些什麼，配合可以帶他們去看現場，就算尚未實際參與投資，也已先從別人的經驗之中得到了實戰見習的經驗，對於未來他們實際參與時就不會是從頭摸索的狀態。

這就是真正效率團隊的呈現，由於我們不只教學，也帶領學員參與實戰，當然就必須要讓大家真的可以「學」、「用」協調並進，有賴於團隊大家都有心付出，就會集思廣益找到最佳的方法，讓不論是什麼時候加入團隊的學員，不同程度、不同學習階段的成員都可以吸收到他們當下必要吸收到的知識與能力。

2. 團隊分組合作

團隊真的有活動運作，分組是一定要的，早期我們會區分組別去劃定投資物件的區域，依照每個學員的居住地為條件分組。例如：我住在永康，我可能對安平那邊的市

場、房屋、交通我都不了解，所以我就先把我這一組的組員以及這一區的物件顧好，了解行情以後再往外涉略。

團隊成長的速度很快，在不同時期的階段，分組經營的模式就會隨著團隊的發展現況去做調整，早期我們以行政區域來劃分組別，各組成員人數的差異還不算大，但隨著團隊學員愈來愈多，我們現在在招生的時候，就會把新加入的學員放在人比較少的組別，這樣取得平衡比較好帶。

不然像是我負責帶的這組原來劃定就是永康區，它在台南算是最大的行政區域，所以組員人數漸漸的成長就會比較快，如果以目前組員人數就有 2-300 個人，每次出去做 "物件團看" 時，就得要限制人數，所有的組員想要參與就比較不好搶到，可是另一組可能只有幾十個人，搜集可供團看的物件選擇性就不多，也各有好壞，好處是他們那一組就比較好搶到資源，但是「質」就不一定真的適合進場投資。

　　隨著團隊組織規模不斷成長擴大的同時，不同組別特性有好有壞的差異性就會顯現出來，所以在新進學員入會分組的比例上還是要做調整。

　　現在因為大家都做比較久了，都比較了解行情了，就全區一起投資，也因為團隊愈來愈大，組別增加調動的關係，我就爬起來當 A 組的組長，不過和原本的組長及他帶領的另外一組組員，我們還是很密切的互相協助、互相支援。雖然還是有分組別，但共同交流資訊、彼此分享資源會比較好帶小組，由於投資範圍現已不分區，有物件我們就會丟到專屬群組上面，經過大家對於投資標的分析討論之後的結論如果還不錯，有興趣參與的組員就會在群組裡頭喊 "+1"，這樣一個合作分工的實際案件就出來了！

　　因為一個案件的經營參與，不同案件除了區域市場之外，每個參與夥伴的出資金額大小；由誰出面跟房仲斡旋議價；誰來負責跟銀行貸款、擔任登記名義人......；誰來負責設計、裝潢、監工......之外，甚至到完工交屋之後要負責

出租管理或是出售委託房仲的合約簽訂事宜，未必每一個
案件都一模一樣可以按照同一套公式適用到底的，且每一
個案件的金額大小、投資報酬率和所需周轉的時間都不一
定，因此在人數限制和角色分工分派機會的現實之下，不
論各組物件區域或資源分配的多寡，原本分組團隊成員還
是會為了各組會員的權益產生內部競爭的情況。

3. 團隊的成長競爭與相互支持激勵

　　有競爭是一種刺激，適當的引導對於團隊會是一種加
分，畢竟團隊最重要的核心價值就是要靠彼此之間的合作
創造出共利，才有共享的結果。因此為了讓各組團隊彼此
盡量能夠取得平衡，現在我們的學員只要有意願參與案件
經營的，可以讓他們一起參與就一起參與，不管是什麼樣
的案件，在合作參與的過程之中不論擔任什麼樣的角色，
只要有過實際參與其中的經驗，就能學到整個案件操作的
所有輪廓，就會實際的成長和進步。

　　我自己親身參與學了一年半的時間，學會了很多東西，這些都是我的經驗，不管是投資或是之後自己的家裡要裝修，了解越多就可以省下越多，我能那麼快就把房地產這個東西那麼快就上手，不光是只有我過去的生活歷練而已，也多虧了團隊的支援，很多在團隊中認識的成員之後大家也都變成了很好的朋友，大家一起互相合作互相協助，我覺得這是更難能可貴的。

$ 做出市場口碑效率，房仲自動上門藉力使力

　　碰到好的物件，一旦時間猶豫容易買賣徒增變數，所以決策必須明快，但又不能買貴，因此價位精準更是重要關鍵。團隊因為累積非常多的實際操作經驗，常會碰到類似大同小異的標的也就容易研判了。

　　像我們買過某個地點，熟悉該區房價行情以及潛在客戶市場性之後，甚至同一個區域方圓 500 公尺內的房子，

我們就買了 3 間，就是因為買到已經不用估價就知道要用什麼樣的價格去下斡旋，也因為都已經做到習慣，甚至當我們的物件要轉售出去時，有裝修或沒裝修的條件可以賣到什麼價位，我們都能夠掌握的到，簡直就是穩操勝算。

當現在很多區域的行情市場我們都熟悉之後，只要有其他的房子要賣，符合我們預算條件之內的，我們決策的效率就會非常快，有時房仲就會主動打電話來問我們，一看合意真的就立刻決定了。然後別家房仲也會打電話來問：「ＸＸ路的那間房子是不是被你們買走啦？」或者是開發待售物件時找到我們：「怎麼這間又是你們慶仔團隊的！」……就是會有房仲見識到我們的實力真是這樣，所以房仲都還蠻樂意跟我們配合，我們團隊在法拍與中古屋市場的活躍度也在房仲圈裡享有盛名。

房仲樂於主動和我們配合的原因，除了幫我們找物件報給我們買，成交可以現賺一筆服務費佣金之外，案子還可以再委託交給他們賣，我們買下來經過裝修整理好之

後，他們也比較好賣，來回房仲又可以再賺一次成交的服務費，何樂而不為！

房仲喜歡跟我們配合，表面上圖的是成交服務費的利，但是如果房子不好賣，賣不掉他們也賺不到服務費，所以他們為什麼喜歡跟我們配合的真正原因，是我們經手整理過的房子很好賣，價錢便宜的案子成交兩次的服務費，比高價只能成交一次的服務費和業績實在多了，更何況，客戶價錢買得便宜實在，對房仲的服務印象也是大大加分。

說到買房子，哪個人不會去精打細算的？

因為我們售價定的很實在，幾乎都是以行情價開價，略低於行情價就成交，所以顧客不會買貴，不像是普遍大多數的屋主售價都開得很高再給人殺價。對於購買我們房子的客戶，比較過我們的房子一定是知道我們有優於別人不同的優勢，才會跟我們買。

　　針對客戶的需求用心做、實在做，市場才會被接受，客戶看我們賣的房子都是全新整理好，把該修的修繕、該做的做好，連看不到的水電管線都換好，新房子該有的都有了，完全都用不著煩惱，價錢合理怎麼不會吸引人呢？無怪乎很多房仲都搶著要幫我們賣房子。

　　團隊案件操作，就連外部的通路都想要主動來跟我們合作，更證明了我們的實力與效率，當整個動能不只是內部的團結，再加上外部資源也一起連結運作起來之後，這股力量是非常強大的！

第六篇 合作/領導力

黃譽綜

資源整合軍師，業務能力與人脈關係兼具，善於團隊內部溝通與對外談判，能夠為團隊、為客戶創造雙贏，整合多元策略商機的關鍵角色。

　　一個人的專業能力再怎麼強，如果不靠組織團隊或是與人合作，單憑自己一個人的力量還是有限的，有很多事情並非自己一個人就能完成，就拿房地產投資這件事來說，有很多的專家都懂，甚至也會教學；有很多的代書，房地產本來就是他的專業；有更多的房仲，流通的物件資源就在手上……這些業界人士，在房地產這塊領域都是所謂「巷仔內」的人，要和我們這一些素人相比，投資房地產這件事對於他們來說本該是「信手拈來」的事而已，可是為什麼不是每個人都去做？

　　我認識一個專家他自己坦言跟我說：「雖然這些我可能都比你們懂，但是想到挑間房子我要花心思，還得花時間跟房仲一間一間去看屋，然後還要應付房仲跟屋主議價的事，銀行貸款估價還要帶看和對保，買進房子我也不可能自己親自點工、點料自己做裝修，最後要賣你得應付這麼多家房仲跟你周旋委售的事，成交還要簽約，後續煩惱稅務的事。」

　　他說他光想到這麼多事要做，每件事都要親自和不同項目的業務對象打交道，如果全部都要自己一個人應付，心都早就涼了！

　　因此就算是本身在房地產領域很專業的人，如果沒有與人合作的觀念，缺乏團隊的思維，除非自己開個公司花錢養一群員工來幫自己做事，否則他是絕對無法做很大的。

6-1 業務經理人的能力與魅力揮灑舞台

再強的人如果沒有行動力，什麼事都不會有！素人只要付諸行動真正去做，再慢也能有結果！

所以真正的實力或能力，是要真正能夠「展現他的行動力」。

聰明的人就是會懂得領導團隊與人合作，「成功不必在我」，因為假如自己很厲害，什麼事都自己做，一個人一天就算工作 10 個小時也只有 600 分鐘；若你有 10 個合作夥伴，每個人只要幫忙做 1 小時就夠；當你有 60 個人的團隊，每個人只需要幫忙 10 分鐘；如果團隊 600 個人，只要大家一起行動 10 分鐘，加起來就已經是你一個人 10 天連續每天工作 10 小時的量了。

　　所以聰明的人會懂得把事情分給別人去做，你一個人不可能每一件事都很在行，當你把自己不在行的事情交給別人去做，別人上手事情可能會做得比你更好、更快，自己輕鬆省事的同時也省掉了很多時間。

$ 擁有好的人脈磁場，團隊「聚心」、也「吸人」

　　在團隊之中的角色，首席指派我擔任副區長、身兼三個組的督導，主要是因為我的人際關係較好，個性平易近人，比較能夠獲得大家的認同與信賴，一些事情由我出面也比較可以拉得住組員之間的互動參與不會讓他們跑掉。

　　因為有好的人脈，組員們也都很相信我，在談論每個案件的時候，他們都想聽我的意見來做參考，甚至有些實戰經驗豐富的資深法拍業者也加入成為我們的學員，就連做過三、四十年的老前輩也有，他們加入團隊就是因為我的人脈加上信任感的自然散發而吸引到他們的。

其實自身從事房仲或法拍的投資客會加入團隊的動機不外乎要的就是人嘛！他們之前都單打獨鬥在做，能被我吸引也是因為我真心誠懇跟他們說：「其實你不用再開公司了，我們這邊有源源不絕的新學員，每一個新學員都有意願成為合作的夥伴，那麼你不用再去『養人頭』了！」

（PS.「人頭」是指「登記名義人」，也就是合夥投資標的負責以其名義登記為「所有權人」的代表人。甚至有些還可藉他的職業身份向銀行取得較佳貸款條件來擔任「借款人」。）

「你有配合的人，再怎麼爛的物件你也不會怕！」

團隊合作不只是有「人」可以擔任投資標的登記人的好處而已，另外還有「錢」的資源。有人身上雖然不是很多錢，但一個人大概只有一、兩百萬在操作，也只能操作爛的案件，投資效益有限，可是如果資金能量可以彙聚起來，那又不一樣了！

「有人就會有錢！」

　　我發現一個團隊這麼多成員，究竟哪些人有錢、哪些人沒錢？表面上是看不出來的，有的人他只是不講話而已，一旦有好的物件出現，他可能馬上定存解約，有很多的錢就會拿出來。

$ *業務能力的養分與養成*

　　我的特質就是能吸引人，像之前有個粉絲看到我的臉書 po 文，我要帶團隊成員去投資的案場，剛好就是當天我們有一個物件開工，他就好奇跟著我一起去開工，實際看到我們真正在做什麼，他就報名加入了。

　　能夠與人輕鬆自然建立好的人際關係，我覺得多少和父母的「身教」有很大的影響。

從小我就跟父母住在鄉下，在台南的六甲鄉，父母經營做山海產的餐廳，所以從小我就耳濡目染，看他們怎麼去跟消費者互動，介紹這是什麼魚、怎麼去煮……他們和顧客的交流都是出自於很自然的與他們「分享」。

我讀私立的國中高中，書沒有讀得很好，所以就去讀遠東工專，在民國 77 年當時還被認定為打架學校，心想自己將來勢必得再加強學歷，之後當兵也是在擔任「政戰士」，退伍完之後再去讀技術學院，唸淡水工商技術學院的資管系，讀完後有在當教電腦相關的家教，自己也有組裝電腦在賣，一份薪水三萬多的生活也還蠻享受的，但養成了重品質的生活習慣後，逐漸發現三萬多不足以養活自己，那時就很想賺錢，於是就到東森寬頻電信上班，原本我是工程師，負責到府安裝數據機的服務，當初網路剛流行就只有 ADSL，安裝完之後我會教他們說要怎麼弄，然後留下一張名片，神奇的是客戶會轉介紹，所以我明明是工程人員，卻比業務人員的業績還好，所以副總就把我轉到業務部當主任，這是我轉變成業務的開端。

　　再來我覺得就好像只能做到這樣的巔峰，職務到了一個瓶頸不知道怎麼去突破，楊副總推薦我繼續去讀嘉義大學 EMBA，因為一直想要繼續往上爬，我遇到了一個機會能到台北去一家保險經紀人公司上班，去當一個董事長的助理，在那邊就是一直從事行銷的方面，因為不管是賣保險或是賣其他東西，接觸學習之後慢慢就不會害怕跟人說話。

　　其實一開始我也是蠻怕生的，在台北也找不到方法，那時在台北的課程比較多，只要有看到一些免費的課程演講我就會去聽、都會參與，其中有些不錯的進階課程，我甚至還會報名參加，不管是行銷的、激勵的課程內容，參與學習過的那些養分就一直留在我身上。

6-2 翻轉信用破產的人生「天蠶變」

$ *職場生涯遇人不淑導致信用破產*

　　曾經我是銀行眼中的「拒絕往來戶」，導致我信用破產的原因，是因為當年在台北的老闆公司經營出了問題，薪資好幾個月沒發，不但這樣老闆還反過來跟我借錢，我幫他跟銀行辦理借款提供資金週轉，最後卻都沒法還，導致於我的信用破產。

　　我把他的房子假扣押要回了一點點錢，再把我的汽車賣掉之後就回台南了。

　　我要求公司會計幫我做「非自願性離職」，回來之後

就領失業救濟給付，領了第一個月的失業給付就去買了 PS3 在家裡玩電玩，但是一直玩電玩也不是辦法，耐不住性子，第二個月我就去找工作了。

我又回去做工程，去南科電機的外包商上班，後來經過朋友牽了紅線認識了女友，也就是我現在的老婆，結婚之後覺得多了一份責任，自己意識到一直在這裡上班不是辦法，況且遇上金融風暴，老婆在證券業績也受影，所以我跟老婆溝通回老家開個拉麵店。

在鄉下開拉麵店的結果並沒有比在市區上班來的好，拉麵店也只經營了兩年。

我又嘗試去應徵新光保全業務，所以也是變得跟業務相關，每天晚上九點才回家。我做的是業務，工作竟然可以高達十二小時，我想要向公司請調工程部，結果公司就是堅持要我繼續做業務。

那時我感到有點疲憊，覺得自己好像就是因為信用破產，因為財務的問題，一直好像被錢所困而有志難伸，有一種無形之中的陰影一直走不出來，彷彿也因此而影響了我的職業發展，甚至是我的人生！

我大概這樣上班了三、四年，然後有一個新光保全的客戶跟我說有一個採購職缺，邀請我到他那邊上班。是做大賣場通路、餐廳，水產、畜牧加工品的採購，於是開始去接觸採購魚、牛、豬及加工品。

經過多次跟公司申請無法請調，我就毅然辭掉新光保全的工作，離開新光保全四年的業務生涯，就到新的公司當了採購三年，三年多之後我在網路上看到了慶仔老師的課程廣告，因緣際會就加入團隊進來了。

循序漸進跟著團隊，看物件、學估價、上法院法拍、玩中古屋翻修、組小團隊、終於小有成就，但在時間配比

上就對不起前東家了，因為心思都在房子上面而不是在採購業績上面，況且多元收入已超過小資族的倍數，所以就申請離職自行創業了。

　　初期那個時候的團隊學員比較少，合資的物件和機會也少，原本一開始我加入團隊家人並不認同，在不認同之下我就先跟家人說一個時間：「妳至少給我個半年、一年努力看看嘛！」

$ *信用不良的代價，銀行不借錢，要不就被拗*

　　我硬著頭皮撐，撐了半年，才參與到第一個物件的股東，因為學長學姊缺少「登記人」就找我。

　　我就說：「好哇！我試試看。」

　　我第一案子和學長姐們合作投資就用我名字去貸款，

可是銀行徵信查詢到我曾有信用破產的記錄，銀行不但不太願意跟我交涉，還不願意借我太多錢。

原本一開始代書是幫我送玉山、大眾去申請，但前面兩家銀行都打電話來照會我說：「黃先生，十幾年前你已經有銀行往來的瑕疵了！」

所以大眾、玉山沒有借我，當下我就問銀行照會人員說：「是不是以前跟銀行往來有瑕疵，所有銀行就不會借款了？」這個問題確實難解。

代書後來問我：「那你現在身上有哪幾家信用卡？」

於是銀行後來還是我自己去找，我就想說自己有遠東銀行的信用卡，不然跟遠東借看看好了，然後我自己去銀行，結果雖然可行，但我因此也就被銀行綁架了，因為遠東銀行知道我已經向其他兩家銀行申貸遭拒，我的「聯徵記錄」包括他們已經被查詢三次了，短期不可能會有其他

銀行可接受，所以為了配合他們的貸款條件，我多繳了一筆叫做「房貸壽險」的保費。

　　銀行一開始要求我做 20 幾萬保費的保單，我就只好跟他實講說：「經理啊！這間房子是我是跟好幾個人合夥投資的，你開那麼貴的保費條件，我都虧掉了。」後來買了九萬多的「房貸壽險」，反正我就等一年把它賣掉，解約至少還有四萬多可以拿回來，於是終於用我的名字成功貸款買成了房子。

　　信用破產的污點瑕疵能夠逐漸恢復，首先必要的是有一個穩定的職業和收入，這也多虧我在新光保全的四年期間有正職穩定的工作，讓我可以申請到第一張恢復正常身分的信用卡，信用額度只有 5 萬，但其實在我 15 年前，手上曾有 15 張信用卡，每一張卡都是 30 萬以上的額度，感覺真的差很大。

$ 團隊合作也可以加速培養信用條件

這本書的內容由我導入財商的主題，我認為可以將我如何從信用破產之後可以快速恢復信用的經歷分享給大家！

我並不是告訴大家信用破產就不必還銀行錢，跟銀行借錢一定是必須要還，有借有還銀行才會願意借你錢，你要跟銀行培養信用往來的關係，前題是你要有借款的原因、才有還款的後續，而利用團隊的力量，有更多購屋的標的可以去向銀行辦理借款，借、還往來的頻率高，你就很快就可以把自己的信用條件提升，甚至可以將你信用不良的狀況身分洗清恢復。

我是進來慶仔的團隊之後才開始接觸房地產，財商觀念也是來到這邊之後才改變的，曾經我是銀行眼中的「拒絕往來戶」，因為曾經信用破產，現在則是因為在這邊慢

慢的與銀行增加往來，額度慢慢往上拉。

如果錢只有一點點，靠我自己一個人是沒辦法的，透過團隊合作只要投資一個物件，那麼有很多股東集合的資金會匯入到我的銀行帳戶裡，銀行看到我的帳戶金流就會認定我的收入條件良好，其實這也是藉由大家的錢，讓我的信用條件看起來很好，所以這也是快速把我信用狀況恢復正常，很重要的一環，現在我去申請支票、要幹嘛……我跟他說我要做什麼，銀行就會借我錢，也都不會特別刁難我了。

經過第一間房子成功貸款之後，現在信用慢慢恢復，甚至銀行願意借我信貸 50 萬，也讓我開立支存帳戶使用支票，現在我又買了一間房子，連台灣銀行也願意提供貸款，認可我現在的收入可以貸八成，然後利率也能給我不到 2% 的條件，代表我真的成功恢復了我的信用條件，銀行資金往來已經沒有問題了。

6-3 透過房地產經營「財商」多元的 事業鏈

　　我從破產一事無成只能躲在家裡打電玩，到現在因為房地產的財商鏈結相關的產業結盟與合作的規模，仔細算算其實彙聚的經濟規模已經超過上億了，雖然加總上億的事業規模不全然是我自己一人的，但是不過短短兩年的時間，我從來沒有想過能夠有這麼大的轉變，如果不是真的自己親身參與，我想連我自己都不敢相信！可是事實真的就是擺在眼前。

　　因為團隊大家一起參與房地產的投資標的一定會維持好幾間的數量持續地進進出出，主投資的房地產價值就是幾千萬在轉，再從某些特殊的投資標的，延伸以公司型態做經營，這個部分就是透過房地產的資產特性，衍生出融資和信用的「財商」操作，將投資標的轉成事業。

　　直接講最簡單的實例就像是停車場，它是非短期投資，屬於長期投資的性質，停車費算是商業性的營收，所以就以成立公司來經營，而當公司成立後，又可以有它多元的營業項目觸角以及財務信用再去延伸，這就是「財商」進階到事業體經營操作的層次，就一些特殊性的不動產標的投資，我們做不同的項目可以成立不同的公司，然後又可以再發展多元的新創，或是與既有相關產業結盟合作，因此把所有的事業體規模加總起來計算真的已經是上億的集團事業規模了，而現在自己真的就是經管這個事業體的主要成員，這上億資產規模的營運項目以及龐大資源可創造的未來，現在它是真的和我有關聯的，這在以前我根本想像不到，若我沒有參與它就跟我沒有關係，也真的不可能會有今天！

 跨足不動產空間營運與週邊服務商機

　　身兼各組督導，負責輔導協助各組的活動事務，可以幫忙維繫整個團隊的互動關係，我個人擅長的就是處理人情人理之間的大小事，拉近團隊成員相互之間的距離，促成彼此間的信任與合作關係。

　　既然對內擔任這樣的角色我可以做得很好，相對有很多商機交流的機會可以對外接軌和合作，對我來說也並不困難，特別是房地產的投資雖然本身就是很大的一塊市場，可是它畢竟只是整個市場產業當中的一個項目，從不動產的整個產業面來看，除了買賣房地產的「交易」之外，不動產的「用益」也是整個產業當中創造現金流的重要「財商」之一，所以在我們擁有房地產「可買、可賣」的能力，當然也可以選擇「不必賣」，甚至「不一定要買」，也可以靠資源的整合與不動產業的合作方式，發展我們的不動產財商商機。

1. 「小庫哥」空間經營

　　一般來說地下室的標的因為不適合居住使用，且銀行承做貸款的成數不高，轉手不易，往往是一般投資客不會考慮的標的，由於一般人不敢觸碰，反而是我們議價最好的籌碼條件之一，可是如果沒有後續好的處分或利用方式，價錢再好也是不對的標的。

　　而地下室適合做停車場經營，但是如果沒有可供車輛行駛的車道或是升降設備，還可以做什麼其他的用途呢？我們投資的標的之中，其中有一個案子也是地下室的空間，就是因為無法做為停車場之用，後來我們將它裝修設置成「小庫哥」迷你倉庫，把地下室的空間分成一個一個的小單位出租空間做儲物之用，反而可以把同樣的空間劃分出比停車格更多的單位空間，設置更多單位的儲物櫃，發揮更大的坪效。

　　像這樣經營不動產的空間使用商機，我們不完全只做房屋住宅標的「一買一賣」一次性的交易，「商業空間」的營運也就是長期性資本創造「財商」現金流的經營模式。

2. 「清管家」居宅服務

　　另外，從我們一般投資房地產的標的，我們著眼的不在新屋或預售的標的，多半是中古老舊的房子，所以當我們購置老舊中古屋標的之後，會將原本老舊或是屋況條件不好的房子重新整理，我們一定都是徹底全面做重新的裝修，從表面看得到的格局裝潢到裡面看不到的水電管路一定都會重做，一併的水管和電路在重新裝修打回「毛胚」重新施作一定都會重新佈線、佈管，因此交給客戶的房子在產權範圍的室內空間所有都是全新的。

　　既然內部都是全新沒有問題，可是在整棟公寓大樓公共的部分，我們動不到也看不見的該怎麼辦呢？

　　基於住宅的裝修，我們有能力做到好品質，客戶看上我們的案件跟我們買房子，無非也是對於居家品質要求的條件是有一定程度的，於是我們也找到的延伸性的服務商機，因為水電的管路品質內部我們做得到，但是外部接連的我們是不是也可以讓客戶也做好？

　　就電的使用只是看不見的能源消耗，我們房子內部的安全品質做好就有基本的保障，水的使用也是我們的生活必須，但水和電最大的不同之處，是它會是我們真正要吃下肚的，如果我們居家內部水管的管線很新很好，可是公寓大樓老了舊了，從頂樓水塔流進我們家中的管路髒了舊了，流進來的水仍然受到的污染和可能影響我們健康的疑慮還是無法避掉的。

　　所以我們在居家裝修為主的房地產投資領域，衍生了居家服務的商機「清管家」，專為前述居家用水的水管做清潔的服務，在我們學員的廣闊人脈之中，接軌相關專業

的技術，同樣在房地產領域擴展出週邊服務的事業聯盟，也讓學員從投資房地產，開展出創業的途徑。

$ *教育知識庫與新創圓夢的商機*

因為我們自己舉辦房地產的教學課程，教的是房地產，但如果我們卻是去跟別人租借教室來上課？那怎麼說得過去？因此在房地產投資團隊的共同事業之中，我們有我們自己長期經營的永續基地。

1. 「TWK」圍繞教育平台共享學習空間

「TWK」圍繞教育平台，同時也是我們自己的教室。除了我們自己上課之外，教室若有空檔的時段，我們可以租給其他不同領域的講師來授課，也可以提供才藝課程或是社團教學活動。教室空間的部分我們委託專人維護管

理，收取場租分潤，就是很實際的一種現金流來源，這就是直接從不動產的空間用益創造出的價值。

而「TWK」圍繞教育平台，我們也開發 APP，讓知識教育可以透過媒合的管道來分享學習，這就是把教育知識的學習產業，同時由不動產建構空間教室與師資專業教育平台，提供虛實整合最好的例證。

具有這樣的條件基礎，自然也就會有更多的商機可以合作，不只單純教育場地的出租，像是其他公眾演說、口語表達、輔導創業與顧問等等的課程，我們也能用合作行銷的方式協助課務和招生，這都是我們從房地產團隊的基礎所衍生出來的財商商機。

2. 共享辦公室的新創資源整合

提供教室公眾使用的空間之外，同樣空間的共享概

念，共享辦公室也是一個穩定可行的不動產經營模式，可以讓 SOHO 族或微型企業在固定的地方可做為商業登記以及辦公的場域。

　　配合提供固定的場域，共享辦公室吸引的是許多創業的人士，而以新創資源的輔助，政府的創業補助也是非常重要的資源管道，因此我們也和青年創業輔導的顧問機構及協會連結，輔導新創企劃案的撰寫和申請，幫助新創取得政府補助資源的服務，也將是我們共享辦公室具有的特色。

賺死錢的時機已過，活化資產才是投資商道

不管是「TWK」與共享辦公室，不論是「小庫哥」的空間經營，或是「清管家」居宅服務，都是先由房地產的投資，再去看到新的商機，從房地產進階到財商的領域，從單一標的的價值獲利到永續創業經營的格局。

房地產投資如果我們不做「一買一賣」單純價值創造的利潤獲益，想要長期性的持有收租獲利，就是以空間做為資產提供使用來收益，傳統不動產空間收益大致上區分，就是以「住房空間收租」和「商業空間收租」為最普遍熟悉的方式。一般住房的收租，不外乎就是傳統住家(公寓、大樓)住宅的收租；商業收租就以商店或辦公室為標的出租是最普遍性的。不過這都是將不動產的產權以完整的單位招租，然後一個月一個月收租，它很單純的就是「一筆不動產就收一筆租金」。

但是當我們了解了財商的觀念之後，我們也就擁有了「創造」的能力，可以不必像傳統的包租公一樣只能一筆不動產收一筆租金，我們可以一筆不動產創造多筆租金，分割收租的「單位」提高總租金營收的報酬率，我們的「TWK」教室租用，協助不同領導的講師開辦課程，就是一種「分時」教室享用的商業模式。

像是「小庫哥」的空間倉儲，也是利用較便宜的地下室空間，去做為一般人也可以租用來做為長期收納他們私人物品的空間，這便是把一個完整空間做小單位的分割後再進行收益。這種切割空間增加單位創造坪效收益的方式不只是大小不同的儲物櫃而已，甚至有客戶跟我們承租的是空間平面，將他的重型機車當成寄物珍藏在這裡。

其實凡是能創造更高總收益的租金報酬率，都是不動產空間收租創造現金流很好的一種財商模式，不只是分割單位，如果再能增加每個空間單位的租用頻率，更有機會

增加整體租金報酬率。我們進一步計劃進行的不只有「小庫哥」的倉儲租用，現在還有共同工作空間，都是激活出資產價值的用益，而設立共同工作空間的商務辦公室除了隔間、隔座位的租金收益外，提供商業登記的服務也又是附加的另一種長期固定收益。

第七篇 總結

方耀慶

團隊領袖-總講師,帶領『房地產快樂賺錢』團隊傳授房地產實戰與財商領導課程,現已開枝散葉建構台北、新竹、台中、台南、高雄之課程基地,是團隊創辦精神領袖,且持續為團隊建構接軌國際與大陸之市場版圖。

7-1 不只是 Just do it,更要 Far away

理想如果付諸實踐,光只是想而沒有行動力,永遠只會停留在原地!

沒有行動力的原因,可能是因為沒有意願或是沒有看到未來,也可能是因為害怕、恐懼,如果是看不見而沒有行動力,那就是回到一個人的「視野」問題了,但如果有想法、有敏感度卻沒有行動,就是害怕、恐懼的問題了,會害怕和恐懼的關鍵就是沒有足夠的實力。

倘若擁有真本事,有什麼困難阻礙是不能克服的?

我從自己 1 個人,到 4 個人一起從房地產的授課開始組織團隊,再到現在近萬名學員的學習團隊,集合了團隊的組織經營也從房地產延伸到不同的領域,財商便是重要

的其中一環，但一般人看不到的其實還有更遠、更大的在後頭。只不過因為「位置點」的不同，每個人看到的範圍會不一樣。

就像初學者在他原地的位置只能看到方圓 800 公尺範圍的景物，1,000 公尺外的世界對他來說就是未知的風景，而已經學習並且開始行動的學員走到 500 公尺之處，當他真的看到 1,000 公尺處的風景時，便相信原來組長、區長……學習更多、更廣的人所說他們走過、看過的景物真的就是這樣，如果沒有跟著移動，停在原點沒有行動力的人，永遠無法感受到行動與改變的力量有多大。

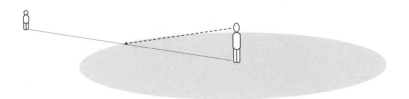

　　所以當 4 年前我還只是自己 1 人,現在變成萬人,很多人會心想:「怎麼可能?」當我說未來的願景還會成就出什麼樣的事業和規模,許多沒有跟著我走,或是跟不上我的腳步,距離我的相對位置仍很遙遠的人,想像不到我所將建構的藍圖也是正常的。

　　因為我的行動力和實踐力其實已經離我 4 年前的位置移動逾有「數十公里」遠了!

7-2　教育與高資產高知識結合創造商機

　　房地產原本就屬於完全的「內需」市場，內需市場的產業你說國際化，除非是把房子賣給外國人才叫國際化，否則只是叫人把錢帶去買海外的預售房產，沒有實質用得到的就是叫投機，投資看不到也用不到的東西，完全就是風險，有風險的東西怎麼賣？要包裝堆疊到非常浮誇地引起人的貪念才賣得掉，這是不道德的，也不是我們想要做的。

　　投資海外房市不能做空、做虛的，必須要很務實地結合真正的需求，這個部分絕大部分的人其實看不到，講出來很多人可能還是聽不懂，但是在大家還看不到、聽不懂的情況下，我早已經在前面佈局舖路了！

終身學習的教育是一個非常大而且也是永續的市場，這所謂的終身學習教育不是指一般學校進修部的那種，而是真正在社會競爭之中用得上，講白話就是學了真的可以幫你賺到錢的，人家才會真的願意投資時間和金錢來學的教育。

這個並不一定是授以學歷才會有人想讀的，所以一定是把學程做到能讓企業與學術資源真正可以接軌，讓企業主和高階經理人可以在教育學習的環境之下產生資源的碰撞，集合共同的聰明才智創造更大的市場獲利商機，這也就是一開始首席在第一篇就提到，為什麼我會帶著台灣、大陸許多華人企業家一起到英國劍橋大學，舉辦華人企業家的短期遊學參訪體驗行程？這並不是構想而已，我已經實際在做了！

我現在也在跟加州州立大學討論客座教授的職位，當我加州州立大學的教授職拿到之後，我可以辦學程，除了帶領國內以及整個華人地區的企業家能藉由短期遊學的

管道和學程與國際性的資源接軌之外，我有移民的證照，我可以讓這些有錢人集中在留學以及移民的市場。

　　移民可以擴及的市場商機領域更大，移民有稅賦的規劃，不是單純只有移民而已，我們有一般的正常移民跟投資移民，移民也不是只有移出到國外而已，國外的人也可以移民進來台灣，所以在國外我就要結合各個教育機構，做語言的學校，甚至未來籌辦自己的學校。

　　在另一方面移民必定會有當地房地產的需求，而房地產本來就是我們團隊的基礎強項，要把房地產的經營跨出海外國際的市場，移民才是實質接地氣的需求，將移民的需求和跟房地產集合在一起，這些都是可以把有錢人集合在一起，跟有錢人結合創造獲利的商機。

7-3 大陸市場與區塊鏈的未來

　　除了移民以及接軌國外大學院校做教育的商機之外，我也有做大陸的法拍，全台灣目前沒有人在做大陸的法拍，但是我有大陸的資源，我把大陸的資源做整合，像在大陸我不只成立協會，同時也已經成立了好幾個基金，以大陸來講的話成立基金並不容易，他們的法令更比台灣嚴謹的多，你必須要有牌照，必須是完全合法的，所以我在大陸的這些基金，其實都可以進行募資，只是大陸的市場現在人力還不夠，也沒有人才可以進行運作管理，而有能力的經管人才，這需要慢慢的培養。

　　像是「區塊鏈」的部分也是我要做的，對於「區塊鏈」很多人的認知是在虛擬貨幣，像是「比特幣」，對於很多會做系統的人來說，看到虛擬幣的這塊市場都想要搶，所以很多人都是急著在「跟風」，可是虛擬貨幣的市場畢竟

不是真正的貨幣，一個個接著出來，有沒有國家級的貨幣制度保證它的絕對信用隨時能夠兌現？這是最大的問題，這個沒有一步一步慢慢來，想要吃快也可能很快就死。而我們不做「比特幣」，不做虛擬的，我要做的是連結實體的「區塊鏈」而不是虛擬的，我要做房地產的「區塊鏈」，但現在不只對系統商來講有一定的難度，團隊要執行這一塊也還未成熟，所以我需要做控制。

我真正想要做的整個未來市場架構，不管高端、中端、低端的其實我都有了，高端規模大型的商業模式，是在做企業併購的部分，那個在做的時間期程會比較長，我可以做，但是團隊學員每一個人可能要面對現實的生活，必須讓他們短期的生活所需能週轉，因此房地產是比較快讓團隊裡的學員真正能有實質的收入。

在人才的培育方面，現在我也正在訓練一批人，我跟學員的緊密度，是很用心、花時間的，你花時間跟他們慢慢的說明，他們才會有信任感，信任之後才能夠真正的去

做，觀念認同之後他們自然就會努力去拼，他們開始去執
行，執行就會有收益。在擁有收益的同時，還能夠學到本
事，我相信當團隊裡的每一個人都賺到了錢、都有了實力
和本事，又有一同學習成長的共識，人才齊備之後，所有
高、中、低的事業版圖，不管是大陸市場與房地產的「區
塊鏈」，以及移民和教育，每一個人都有能力可以勝任領
導人和經營者的角色。

7-4 強大自己的實力‧擁有自己的舞台

　　有資源、有平台，建構出商業的模式，實質要真正運作起來還是要靠「銷售」，銷售是點、線、面裡頭的「點」，你必須先把這個做出來之後才能夠延伸後面的，我們課程的推廣有配合委外的行銷團隊，配合的行銷其實非常的強，但是行銷公司因為各方面都做，他沒有一個完整的方向，他們要行銷的講師很多，什麼都有，有些人講關係、講人脈，也有人教創業，但都不是真正全面的。

　　和他們的課程比較起來，我所教的是專業的，就是我們有專業的一群人，包括稅務、會計、法律的層面都有，從房地產的層面將這些專業完整的統合在一起，所以除了教育課程的內容之外，與行銷公司比較起來我們更具有自己的優勢，就是他們沒有固定的教室和定點，而我們全省

北、中、南都有自己的教室，因此在課程的推廣，我們有自己的條件，也可以自己把行銷做起來，擁有自己的行銷部隊。

　　像我自己就是這樣走過來的，我們現在有固定的點，做為教學中心的交通條件不只要便利當地的學員，也要讓外地的講師跑場方便，北、中、南的教室都在火車站步行走得到的地方，團隊以前沒有收單人員，課程招收學員的步驟，從說明會到接受學員的報名、刷卡收費，整個 SOP 的流程從無到有現在已經成熟完備了，輔導的小組也是先訓練起來一批，收單可以有分潤的獎金，能夠先讓他們有收入，收入穩定了，我們再教他廣告......真的把他訓練到一個紮實。

　　我們正式的課程有 2 堂大課程加 4 堂小課程，全台灣各區每個禮拜都有，一個月上 6 堂課，付費一次就是終身會員制，除了正式課程以外，也讓他們有其他小課程可以慢慢的練習，我們教室外頭紅色看板上的課表班次，滿滿

的 4 個禮拜都有，因為都是自己的教室，除了自己內部的課程，場地也可以出租給其他講師舉辦課程，額外也有租金收入，而學員之中有專業人士也可以提供自辦課程，所以團隊的成員不但可學、也可教，給他們有這樣的舞台算是不錯的。

7-5 團隊任務分工 · 創造、執行、收益

我站在領導人的位置和團隊的關係就是，資源、平台我可以創造出來，但接下來要交給團隊去執行，執行後才會有收益。

從 4 年前出版第一本書時，只有自己一個人開始帶人學習房地產，教學員如何能夠藉由房地產投資賺到錢，學員從十幾個人開始到現在遍佈台北、新竹、台中、台南、高雄將近有一萬人，我讓大家在房地產市場之中不只找到價值落差賺到錢，更讓學員從實做創造房地產標的品質提升的價值賺到錢，學員的能力也從最早不會做、到可以自己做、甚至到可以教人做，這個過程和例證也可以從我「房地產快樂賺錢術」的系列出版著作看到實證，除了自己出書，我也帶著團隊的領導夥伴出書，到現在區長也可以帶

著底下的幹部出書，團隊合作的知識可說是傳承到第三代都成熟了。

　　我所想和所做的事情都是很長遠的東西，我做的是「開創性」的事，當我開創出商機把市場的機會拿回來，我就交給團隊去做，大家才會持續有錢賺，而不是光只有看眼前房地產的這一塊，學會了房地產怎麼樣會賺錢了，房地產也只不過是一項「工具」而已，它並不是最終極的目的，只不過房地產是最簡單的東西，是大家最容易懂，也能驗證真的可以帶領大家賺到錢，因此必須先讓一群人賺到錢，他們才會願意跟得緊，團隊才能強大，他們學會有本事能力經營得起來，我才能放手去找更大的商機再來分給他們做。

　　這些跟著我的學員夥伴，有些人可以承續著我「房地產快樂賺錢」的團隊體系做大，有些人可以融會出我給他們舖的新方向，他們不只能在房地產的這塊領域發展，還可以從房地產延伸出財商的一塊新領域去開闢新的商機

做傳授，我們成長的腳步不會只是停留在原地，因為我認為領導者如果只是巴著眼前擁有的資源和利益不放，底下的人不可能真正賺得到錢，也不會成長，那麼團隊不可能做大，我反而認為站在愈高位置的領導者在團隊分層分潤的結構上愈是應該拿最少，把資源和利益分給下面的人，下面的人才能真正賺到錢，才會真正有共識與信任可以一起走得更久、更遠！把能力所及的市場做得愈寬廣才能真正賺愈多！

方耀慶　總結

$\sim$ The end $\sim$

● 房市全方位之著作發行　　● 創業投資職場課程講座
● 房仲業務內訓課程規劃　　● 多元領域之講師群陣容

智庫雲端 職場、財經、不動產專業出版發行

【房產財庫】叢書書目：

一次滿足您擁有房市最多元齊全的著作發行
集合最多房地產權威、專家與講師的心血結晶
掌握不動產最具影響力的智慧與新知！

職場智庫】叢書書目：

1 關鍵畫題	板硝子◎著	188 元
2 職場修煉了沒	蕭合儀◎著	260 元
3 創業錢圖-創業籌資及股權安排設計	張明義◎著	320 元
4 創業計畫書-創業錢圖(2)	張明義◎著	350 元
5 英語思維大突破	張明義◎著	300 元
6 致青春-我的記者大夢	馨　文◎著	290 元

財經智庫】叢書書目：

1 為什麼？你賺不到我的錢	范世華◎著	250 元
2 年金改革及重分配	洪明東◎著	260 元
3 富人養成計畫-財務藥師林有輝的4帖財務改造藥方	林有輝◎著	280 元
4 想像翻轉明日的台灣-老總的兩岸手札	黃齊元◎著	360 元

化部　藝術新秀(長篇小說)創作：

鸚鵡(一)李伶娟	王要正◎著	380 元

悠遊白書】風格系列：

1 沒有手機的日子可以怎麼過？(完全手冊)	板硝子◎著	220 元
2 沒有手機的日子怎麼過？【精裝】	板硝子◎著	250 元
3 神諭－感恩惜福	板硝子◎著	190 元
4 絕色無雙－(新版)關鍵畫題	板硝子◎著	250 元

講師、講題、課務、贈書、活動策劃

✦ 講師邀約 / 活動洽商 / 團購與優惠訂書，歡迎下列方式與我們連繫：

電話：02-2507-3316　　E-mail：tttk591@gmail.com

國家圖書館出版品預行編目（CIP）資料

首席財商快樂賺錢術 / 陳冠佑等作. -- 初版. --
　臺北市 : 智庫雲端, 民 108.05
　　面 ；　　公分
　ISBN 978-986-97620-0-7(平裝)

　1.個人理財 2.投資

563　　　　　　　　　　　　　　108004078

首席財商快樂賺錢術

作　　　者　陳冠佑、翁玉能、馮凱芝、黃良安、林愛玲
　　　　　　黃譽綜、方耀慶
出　　　版　智庫雲端有限公司
發 行 人　范世華
封面設計　劉瓊蔓
地　　　址　104 台北市中山區長安東路 2 段 67 號 3 樓
統一編號　53348851
電　　　話　02-25073316
傳　　　真　02-25073736
E－mail　tttk591@gmail.com

總 經 銷　采舍國際有限公司
地　　　址　235 新北市中和區中山路二段 366 巷 10 號 3 樓
電　　　話　02-82458786 (代表號)
傳　　　真　02-82458718
網　　　址　http://www.silkbook.com
版　　　次　2019 年（民 108）5 月初版一刷
定　　　價　320 元

I S B N　978-986-97620-0-7

首席財商快樂賺錢術